"十二五"中国城镇化发展战略研究报告

住房和城乡建设部课题组

中国建筑工业出版社

图书在版编目（CIP）数据

" 十二五 "中国城镇化发展战略研究报告/住房和城乡建设部课题组. — 北京：中国建筑工业出版社，2011.5

ISBN 978-7-112-13124-2

Ⅰ.①十…　Ⅱ.①住…　Ⅲ.①城镇化 — 发展战略 — 研究报告 — 中国 — 2011 ～2015 Ⅳ.①F299.21

中国版本图书馆CIP数据核字（2011）第053019号

责任编辑：焦　扬　陆新之
责任校对：姜小莲　张艳侠

"十二五"中国城镇化发展战略研究报告
住房和城乡建设部课题组
*
中国建筑工业出版社出版、发行（北京西郊百万庄）
各地新华书店、建筑书店经销
北京京点设计公司制版
北京中科印刷有限公司印刷
*
开本：880×1230毫米　1/32　印张：4⅞　字数：128千字
2011 年 5 月第一版　　2013 年 3 月第三次印刷
定价：30.00 元
ISBN 978-7-112-13124-2
(20487)

本书参编人员名单

（按姓氏笔画为序）

王　凯　　孙安军　　李　迅　　李　枫　　李　浩

吴建峰　　张　勤　　陈　明　　陈　锋　　陈景进

周伟林　　周金晶　　徐　泽　　徐文珍　　曹广忠

拓展城镇化问题的研究视野

—— 《"十二五"中国城镇化发展战略研究报告》序言

　　城镇化是生产力水平提升、生产关系调整的过程。劳动力、资金、技术的空间聚集是现代工业实现边际收益增长的前提，也是现代城市形成和发展的基础。研究城镇化，必须注重研究经济活动聚集与扩散的机制，注重从要素流动的蛛丝马迹中发现经济活动空间分布的新动向和新问题，为城镇化政策的制定提供切实的依据。

　　我国城镇化率将在"十二五"时期跨越50%的关口。根据国际城镇化经验，一个国家或地区城镇化率达50%左右的这个阶段，是经济社会结构调整最为复杂的时期，也是转型发展的关键时期。这是一个持续的、由一系列转型构成的综合过程，生产要素聚集方式的转型是其中的重要方面。

　　本报告以生产要素空间聚集现象和趋势为主线，以城镇合理布局和城乡统筹发展为落脚点，研究"十二五"城镇化发展战略，是城镇化战略研究的探索和创新。报告强调，提升城镇化质量，优化经济结构，增强城市可持续发展能力；重视发挥新形势下小城镇聚集生产要素的积极作用，增强国家城镇化的内生动力；建设生态城市，提高城市发展质量，增强国家低碳经济发展的实力；加强城市在衔接区域交通与市域交通上的枢纽作用，发挥国家基础设施建设对引导生产要素聚集与扩散的积极作用，统筹城乡和区域发展；强化城乡空间管制，通过划定三区四线在城乡规划中明确不能建设和必须保护的战略空间，促进城镇紧凑布局，集约发展。

　　城镇化，表面上看是农村人口进入城市，本质上是经济结构、社会结构和空间地域组织变化和转型。中央要求

"十二五"要积极稳妥地推进城镇化。积极，就是要把握机遇，不失时机地推进，为拉动内需、扩大就业提供新的增长空间；稳妥，就是要立足我国城镇化发展的客观条件，针对突出问题，调整结构，转型发展，提高质量，改善民生，扎实推进。我们要把推进城镇化的重点放在生产力提高和生产关系进步上，要着重研究市场经济条件下要素流动的规律和内在机制，因地制宜、因时制宜，引导城镇化健康发展。要以本报告为基础，不断跟进，深化和细化，拓展城镇化问题的研究视野，形成具有中国特色的理论支撑体系，制定更有针对性、实效性、可操作性的城镇化政策。

目 录
Contents

第一章 绪 论···1

一、中国城镇化的过去、现在和未来·····················2

二、中国城镇化模式与道路的特点·····················4

三、"区域协调"框架的内涵·····························6

四、本书的结构与基本内容·····························8

第二章 我国城镇化道路的回顾与探索·················11

一、中国特色城镇化道路表述的历史演变·············11

二、30 年来我国城镇化历程的回顾·····················15

三、生产要素流动的新特点对体制机制提出了新的要求·····22

四、中国特色城镇化道路的求索经验·················27

第三章 城镇化与经济发展·····························31

一、城镇化和经济增长的基本理论·····················32

二、"十二五"期间我国城镇化和经济发展·············37

三、城镇化和经济发展的三大挑战·····················44

四、"十二五"期间城镇化和经济发展的政策思考·······50

第四章 城镇化发展的空间演化·························55

一、城镇化发展空间演化的基本理论·················55

二、当前我国城镇化发展的空间特征·················65

三、"十二五"我国城镇化空间发展的影响因素与趋势判断·····75

第五章　近年来推动城镇化健康发展的经验和做法 ·················92

一、加强政府间协作，促进区域协调发展·················92

二、改善人居环境，提高生活品质·················95

三、实现城市有机更新，探索城市发展新模式·················98

四、促进城乡统筹，加强中小城市发展活力，推进新农村建设·········104

五、探索低碳生态发展道路，实现城市的可持续发展·················108

六、完善规划的编制和管理，提高对城镇化的宏观调控能力·········117

第六章　"十二五"城镇化目标与重大举措·················126

一、"十二五"期间我国城镇化的任务、原则与目标·················126

二、"十二五"期间促进我国城镇化健康发展的重大举措·················131

第一章

绪　　论

　　城市发展以及人口和产业活动向城市聚集有利于经济效率提高，同时也会给区域发展和公共政策带来大量问题和挑战。与世界上许多国家一样，中国在推进城镇化的进程中面临着诸多因素的限制，包括人口规模庞大、人均资源有限、社会经济资源积累比较薄弱、地理条件和人文环境的区域差异明显等，还存在渐进式改革过程中特有的户籍政策、土地制度等制度性约束。近年来，学术研究机构针对中国城市增长和城镇化道路，发表了不少高水平的研究论文，并提出了富有建设性的观点。除了引起学术界的广泛讨论外，这些研究成果还受到了政府决策部门的关注。本书内容也可以归于此类研究，是住房和城乡建设部规划司"十二五城镇化道路研究"项目的最终成果。通过对中国城市发展的实地考察，总结城市发展政策以及各地城镇化道路经验，结合城市经济学、经济地理学、城市规划学等学科的有关理论，我们在书中尝试分析未来中国城镇化发展的路径选择问题。

　　中国过去30多年的经济改革与对外开放，由于市场力量融入经济活动并成为资源配置的重要手段，带来了经济的持续高速增长和经济活动空间分布的重新塑造。一方面，中国城市经济部门得到快速发展，城镇化水平迅速提高；另一方面，城镇化水平表现出空间的不平衡，人口和产业向东部沿海地区集中，东部地区城市增长速度远远高于全国平均水平。2008年全球金融危机以后，中国政府调整经济发展政策，将扩大内需与出口并举作为国家经济发展的新战略。基于这样的背景,如何寻求城镇化发展的合理途径,实现中国经济稳步增长,缩小地区发展不均衡,让更多人分享经济发展成果,成为"十二五"时期中国经济发展的重要任务之一,也是本书试图解答的基本命题。与其他研究不同,本书提出区域协调发展的研究框架,强调加强地方治理来实现要素流动和区域性城市增长这一理念,从经济发展、空间布局和城镇化管理等视角,探讨中国城镇化面临的新挑战和新任务,并在此基础上提出"十二五"时期城镇化的战略和路径。

本书研究框架的提出,乃基于我们对中国城镇化发展阶段、模式特点和影响因素的集中讨论和深刻认识。"十二五"时期是中国城镇化的机遇期和矛盾凸显期。本书对此的基本判断是:中国开始进入由大国向强国转型的阶段,内需增长愈发成为经济发展的新动力,大量农村移民依然是城市人口的重要来源;与此同时,城镇化所产生的能源需求和环境压力也在不断加大。

一、中国城镇化的过去、现在和未来

在不同的历史条件下,要素流动机制的差异造成了城镇化发展程度的不同,并且演化成了不同的空间格局。如果依照 30 年来划分一个时间段,新中国成立以来的中国城镇化大体可分为三个阶段:1949 ~ 1978 年的计划经济阶段,1978 ~ 2008 年改革开放的 30 年,2008 年以后的新阶段。

其中,在第一阶段(1949 ~ 1978 年),计划经济是经济发展的基本手段,城镇化水平较低且发展非常缓慢。1949 年中国城镇化水平只有 10%,一直到 1978 年,城镇化率尚不足 18%。

第二阶段是 1978 年改革开放之后的 30 年,特点是城镇化快速发展。到 2008 年,城镇化率提高至 45% 以上,设市城市和建制镇分别从 193 个、2173 个增加到 655 和 19369 个。与第一个 30 年相比，城镇化机制产生了根本性转变，最大的变化在于全球化、市场化配置资源的机制发挥了作用。在此阶段，中国尤其是沿海地区的经济成为全球产业分工链中的重要一环，人口向东部沿海地区集中，形成了若干人口密集的城市群。在城镇化过程中，每年现有 1 亿多农民工进城务工，发挥了中国经济社会体系的"内生稳定器"作用：城市经济创造了大批制造业和服务业岗位；土地分配的高度均等，使那些"就业不足"的劳动力通过务农也能维持生计；人口结构的优势（农村家庭平均 1.5 个孩子），将使未来农村的富余人口出现下降而不是增加，从而缩小了城乡收入差距[1]。与此同时，这一阶段存在较强的政府干预，城镇化在土地制度、户籍制度、财政分权制度的约束下进行。这种干预对城镇化既有积极作用，也有消极影响。在此城镇化过程中，中国形成了地区之间的大量流动人口。尽管农村人口流动规模庞大，但通过严格限制户籍迁移，中国城镇化过程客观上避免了如拉美一些城市那样的贫民窟，但这也强化了城乡分割体制，不利于城镇化水平的进一步提高。

第三阶段，可从全球金融危机爆发的 2008 年算起，中国开始追求从大国向强国转型。一方面，中国经济的总量水平、持续增长的基础设施保障、城镇化水平都上了一个台阶；另一方面，中国经济融入全球化的程度前所未有，而贸易顺差、外汇储备风险、人民币汇率上升、气候变暖、区域不稳定等一系列挑战也不时出现。在如此复杂背景之下，中国经济增长再也不能依赖主要以出口为导向的策略，而要努力做到内需和出口增长并重。与此相关，未来几十年中国城镇化将面临若干新的挑战，包括在全球化作用下出现的经济、社会、环境等不均衡问题和不可持续的生存危机，以及大量移民对城市的诉求，这种诉求如果不妥善处理就会进一步引发社会问题。因此，中国城镇化能否健康发展，取决于接下来要选择的模式和道路，能否实现城乡、区域、经济社会、资源环境、国内发展和

[1] 乔纳森·安德森. 中国的农民和农村移民 [J]. 比较，2006（24）：7-15.

对外开放的统筹协调；能否顺利转变经济增长方式，实现全面的可持续发展；能否进行分配体系和社会结构改革以及扩大内需，实现中国经济由外向型经济体系向全球最大的内需型经济体系转变。

在新型城镇化发展阶段，要发现并规划好与中国的经济发展、资源承载力、新的国际分工相匹配的城市体系和城市功能，要善于洞察和把握城镇化发展的若干新趋势：城镇化继续快速发展，"农民进城"是增量主体，农民变市民是工作重点；城乡一体化，将公共服务普惠于城乡居民，城乡空间的系统化规划建设（产业、居住、交通、就业），使之具有持续的发展动力；重视节能减排，实现城市的精明增长，提高城镇化质量；形成分工明晰的多级城市群，城市连绵区（城市群）更具活力，特大城市充分参与国际竞争，其他城市在保障就业、土地和资源高效利用等方面做出更多贡献；涌现更多的新市镇，增强和完善城市功能，通过强镇扩权有重点地发展一批小城镇，促进区域经济差异化和均衡、协调发展。至于城镇化的速度以多少为宜，则将最终取决于中国的内需及其产业在全球的竞争优势，取决于中国融入世界体系后全球经济秩序的重组与协调，受到资源要素、国际产业分工和贸易条件甚至社会文化等因素的影响。

二、中国城镇化模式与道路的特点

进一步观察以往中国城镇化道路的表现形式，不难发现中国城镇化有一些不同于其他国家的鲜明特点，比如规模、速度以及多样化三个方面。

中国城镇化规模相当巨大。中国的人口总量大于OECD（经济合作与发展组织）成员国的人口总和，城镇化水平每提高1个百分点，新增城镇人口数量就超过1000多万，相当于许多欧洲国家的人口总和（欧洲40多个国家中只有14个国家的人口超过1000万）[1]。

---

[1] 中华人民共和国国家统计局．国际统计年鉴2009[M]．北京：中国统计出版社，2010．

该数字的含义包括了相应的规模巨大的资源利用、环境影响以及就业、住房、交通、社会保障的匹配，意味着国内市场和国际市场的互动，意味着第二和第三产业规模大幅度增加、大量人口由农村生活方式转变为城市生活方式、出现更多城市景观和国土整治优化的过程，同时也是更多人参与社会关系建构的过程。

城镇化速度之快，包含了三层意思：①在漫长的人类发展史上，惟有凭借工业化和全球化才能使城市生活成为主要的生活方式。200 年前，世界上不到 3% 的人口住在城市里，100 年前这个比例增加了 10 个百分点，21 世纪初该比例上升至 50%，而 2050 年世界人口在城市居住的预期比例将是 70%。②人口城镇化水平在 30%～70% 这一区间增长往往较快。③各国走完这一区间所花的时间，现在比过去缩短了。比如英国在 1801 年城镇化水平为 26%，到 1890 年达到 72%，用了 90 年时间；美国从 1870 年的 25.7% 到 1960 年的 70%，用了 90 年；日本从 1930 年的 24% 增至 1970 年的 72%，仅用了 40 年时间。中国现在已步入快速城镇化轨道，其原因一方面是政府和老百姓都对发展有强大的诉求，另一方面是融入全球化和转型，作为后发国家具有后发优势，可以用较低的成本取得技术及相关知识，缩小同发达国家之间的差距。

所谓中国城镇化的多样性，一方面内生于中国的大国特征，包括人口、经济、政治、文化等。中国地形西高东低，人口中的绝大多数集中于东南部，而处于干旱或高寒地区的新疆和青藏高原人口数占总人口的比例不到 2%，所占空间却是陆地的 1/3。中国的资源，其中包括矿产、水能资源和水资源等呈逆向分布的状况，使人和物的分布产生巨大反差。"人口众多"与"地大物博"在空间上分离，运输成本高，这一"人和自然"的矛盾，是中国人在谋求生存和发展时所面临的基本矛盾[1]。这种资源环境承载力的状况，决定了中国城镇化必须实施精明增长的模式（社会和谐、建筑紧

[1] 何祚庥. 中国能源战略思考 [M]. 北京: 北京师范大学出版社, 2009.

凑型和多样性、公共交通优先、生态文明和低碳生活方式)[1]。另一方面,也和中国的制度性特征有关。中国采取的是渐进式改革策略,产品市场已经基本过渡到市场决定的价格机制上来,而土地市场、资本市场和劳动力市场尚没有完全实现市场化的价格决定机制。这使得要素价格扭曲程度较强。而要素市场的改革,涉及政府间的财税体制、跨区域的以及城市与农村之间的要素流动与要素定价。因此,这类改革涉及区域间的城乡统筹。通过消除要素市场的扭曲、实现要素的跨区域流动,最终将有利于中国经济的可持续发展和城镇化的健康成长。

三、"区域协调"框架的内涵

本书提出建立"区域协调"框架来解析中国城镇化发展路径。该框架内涵包括以下几个方面。

首先,强调集聚经济的基础作用。城市是集聚经济的产物,表现为人口和产业、土地、交通等要素的集聚。根据集聚程度的不同,可以有较小的城市和较大的城市。城镇化与经济发展互为因果,经济发展为城镇化提供支撑,产业结构升级、经济实力增强对人口结构、城市及城镇等级体系产生影响;而城镇化对经济发展也是能动的,通过城市建设、移居、就业、公共服务等,拉动内需、推动经济发展。城市功能与产业功能两者需要齐头并进、协调成长。至于城镇化的动力,则主要源自市场的力量(企业、居民追求收入和选址的行为),其次才是政府的作用(包括城乡规划,基础设施投资,土地、户籍管理体制等)。政府的作用,在于维护市场秩序以及修正市场失灵,要发挥好这种作用,离不开进一步改革开放。而改革的精髓,就是"把激励搞对,让市场起作用",即给个人、企业更多的活动空间,让市场高效地运作起来。

---

[1] 仇保兴. 应对机遇与挑战——中国城镇化战略研究主要问题与对策 [M]. 北京:中国建筑工业出版社,2009.

其次，强调内需增长的重要性。中国是一个大国，在世界上面积排第三，经济总量排第二，人口排第一且多民族。大国一方面可能的劣势在于偏好的巨大异质性和地区间更大的协调成本，另一方面当然有不少优势[1]。在提供诸如国防、太空开发（如发射卫星）、司法体系或大使馆等公共物品时人均成本较低；内需市场规模较大，从日用消费品、旅游到汽车、高铁、大飞机等莫不如此。仅河南省就有一亿人口，四川省在重庆成为直辖市前也有上亿人口，这意味着中国内地存在很大的市场潜能，如果有高速公路系统连接海岸，河南、四川也可以变成"沿海"，如果加上合适的道路投资、对外直接投资（FDI）和放松计划管制，这些地区的巨大市场潜能优势很容易发挥出来[2]。而内需市场的扩大，由于有足够的战略纵深，东方不亮西方亮，回旋余地大，还能够有效缓冲世界经济波动的冲击。

再次，突出区域协调发展的必要性。一方面，我国各省的经济总量都相当可观且差距甚大。据世界银行数据，2008 年中国 34 个省、市、自治区、特别行政区的国内生产总值（GDP），有 6 个超过泰国，有 10 个超过新加坡，有 15 个超过新西兰，有 24 个超过越南，而所有的省级单元都超过了蒙古、老挝、塔吉克斯坦和吉尔吉斯斯坦等国[3]。与新加坡一类城市国家或一些人口相当于中国一个省的国家只有一个城市群不同，中国辽阔的区域特征需要区域间的竞争与合作，需要多个城市群，以及大中小城市协调发展，积极稳妥地推进城镇化进程。因此，中国城镇化与区域多元发展之间的关系应当受到重视。在现行的行政体制下，城镇化的推进，必然要区别不同地区的情况和发展条件，实行多元发展的战略，多渠道、多元化、多模式地推进，强调城乡之间、区域之间、大中小城市（小城镇）之间的协调发展。在推进方式上，实行政府（包括产业布局、基础设

[1] 世界银行 . 2009 年世界发展报告：重塑世界经济地理 [M]. 北京：清华大学出版社，2009.

[2] Au,C.C, Henderson,J.V. How migration restrictions limit agglomeration and productivity in China. Journal of Development Economics ,2006 (80)：350-388.

[3] 数据资料来自世界银行数据库，网址参见 http://ddp-ext.worldbank.org。

施投入、转移支付和对口援助)、市场与民众的结合等。正是基于此，国家近期出台了一系列区域振兴规划，通过细化和优化东部率先、西部开发、中部崛起、东北振兴等战略，鼓励各个区域发挥城市集聚经济的作用，推动区域经济发展和转型。中西部地区可以不再简单延续过去30年沿海城镇化的模式，而是高起点并以大规模投资为前提，形成若干个产业集聚地带，这种国家战略意图已在重庆、成都、武汉、长沙等地的试点中得到了体现。中国经济向沿海地区集聚，是方便参与全球制造业分工体系重新布局，因为沿海地区接近港口，国际贸易的运输成本较低。然而，并非所有的产品都需要借助于海运，像电脑芯片一类产品，单位运输成本低而附加值高，空运比海运更有优势，此类产业同样宜于在内地发展。另外，农业、采矿业、风电、水电等资源型产业以及与旅游产业相关的自然风光和文化资源都是不能移动的，需要就地发展。同时，国家还鼓励在国内市场和国际市场展开区域合作，国内区域间合作将推进市场一体化，国际间区域合作相当程度上是通过地方与国际市场的区域合作实现的。从中国与邻国区域经济合作看，各地都可以发挥优势，包括中国与东北亚经济合作、与东盟经济合作、与南亚和中亚经济合作等。可见，产业与空间互动的区域振兴是未来城镇化演化的有效途径。

四、本书的结构与基本内容

本书运用经济学、规划学、社会学、政治学等学科的方法系统，从要素流动、空间格局(城镇化模式)变化以及政府管制安排等多角度探讨"十二五"期间中国城镇化发展战略问题。全书正文由五章构成。

第二章回顾中国城镇化的历程以及探索中国特色城镇化道路的经验。该部分阐述了我国城镇化表述的由来与演变，以及我国城镇化的历程。同时，还重点分析了在生产要素流动背景下我国城镇化的新特点，包括要素流动对区域协调、社会管理、宜居城市、城乡协调和部门协调的影响。另外，该部分还分析了新形势下中国特色城镇化道路的内涵、关注重点、与三农的关系、管理体制以及对城乡规划的影响等。

第三章分析城镇化和经济发展的关系。从经济增长和城镇化发展关系角度，论述了城镇化是实现我国经济增长的重要途径，并分析了"十二五"期间中国城镇化发展所面临的国内外经济环境和主要挑战。该部分首先梳理有关城镇化与经济增长关系的基本理论，并结合中国城镇化的经验对有关理论和实证文献进行提炼，为该章的主要内容构建一个分析框架；接着提出"十二五"期间城镇化是中国经济增长和社会发展的重要载体，并以实证数据解析"十二五"期间我国城镇化进一步发展面临的挑战，包括大规模的农村流动人口、地方政府治理效率和城市发展环境成本等。该章还讨论了我国城镇化进一步发展的政策思考，核心观点是通过增长内需推动城镇化。具体来说，一方面，落实城镇常住人口中非户籍部分居民的相关市民待遇；另一方面，鼓励中西部有条件地区的大城市发展以吸纳当地更多农村劳动力，为全国范围内的户籍制度和土地制度以及其他制度改革创造条件。

第四章探讨中国城镇化的空间格局。该章尝试分析中国城镇化空间布局的基本特征和问题，以及"十二五"期间影响中国城镇化布局的重大因素。第一部分梳理有关理论观点，评估在不同的城镇化发展战略下，城镇空间布局状况及其效率。包括关于城镇化空间布局的基本原则：城市大小的决定、城镇体系演变的基本动力、空间布局效率和公平的关系、大都市区的产业组织等。第二部分，阐述中国改革开放以后城镇化发展的基本政策演变，以及在不同政策指导下城镇化空间布局呈现的不同特征。譬如，重点发展中小城市、限制大城市发展的阶段城镇空间布局上的特征表现，大量公共资源向大城市倾斜的情况下空间特征的变化，以及在不同政策背景下城镇化空间布局在地域上呈现出怎样的差异等。第三部分则分析在"十二五"期间对我国城镇化布局将产生重大影响的因素，诸如我国最近出台的若干区域发展规划、重要的省级交通基础设施建设规划、震区灾后重建和新疆对口建设等。

第五章是对城镇化管理和经验的研究。该章基本分为六个部分。第一部分介绍了通过政府间协作来促进区域协调发展，包括地方如何形成协作机制和产业有序转移等经验。然后，第二部分引用了北京、长沙、重庆和杭州等城市的经验来说明如何通过城镇化管理实现人居环境改善和城市品质提高等。第三部分介绍了地方如何实现城市有机更新和探索城市发展新模式，包括城市旧区改造、历史文化名城修复和综合性交通枢纽建设等经验。第四部分介绍了借助城乡统筹来提升城市发展活力的经验，包括广东推进公共服务来实现新农村建设等。最后第五、六部分强调了规划编制和管理的重要性，介绍了深圳和天津的经验。

在上述分析基础上，第六章提出"十二五"期间中国城镇化的目标和举措。该部分一方面阐述了"十二五"期间我国城镇化的任务和原则，并提出了基本目标，包括总体目标和具体指标体系。另一方面，该章还论述了"十二五"期间实现我国城镇化基本目标的重大举措，包括提高城镇化质量、增强城镇综合承载力等七个方面。这些举措强调"大区域"视角下城镇化道路的选择和战略，尤其是大都市管理和城乡关系等方式选择。

第二章
Chapter Two

我国城镇化道路的回顾与探索

一、中国特色城镇化道路表述的历史演变

改革开放以来，随着城镇化的快速推进，中央政府对城镇化规律和我国城镇化问题的认识逐步深化，并日益重视。1978 年 3 月，中央在北京召开第三次全国城市工作会议，强调了城市在国民经济发展中的重要地位和作用，要求城市适应国民经济发展的需要，为实现新时期的总任务做出贡献。自此以后，中央对城市发展和城镇化工作高度重视，在不同的历史发展时期和阶段，如何引导城市形成合理的规模、体系和布局，如何根据城镇承载能力的不同引导农村居民有序进入城镇，如何完善城市管理，促进城乡统筹等，通过制定法律法规和政策性文件，进行了科学引导和调控。

（一）改革开放以来历次五年计划（规划）对城镇化问题的表述

国民经济和社会发展五年计划（规划）是国家统领今后五年经济社会发展的纲领性文件，是发展理念、要求和战略重点的集中体现，是国家宏观政策和施政要求的"晴雨表"，也是相关部门和各级地方政府制定政策的重要依据。改革开放以来，城镇化及其相关工作，是历次五年计划（规划）重点关注的领域。

国家"八五"计划（1990 ~ 1995 年）中首次出现"城市化"一词。"八五"计划在"城乡规划建设"一节中提出，"要加强城

乡建设的统筹规划。城市发展要坚持实行严格控制大城市规模、合理发展中等城市和小城市的方针，有计划地推进我国城镇化进程，并使之同国民经济协调发展"，"城市新区的开发或旧区改造，要实行统一规划……进一步提高城市功能和环境质量"，"乡村建设……以集镇为重点，以乡镇企业为依托，建设一批……具有地方特点的新型乡镇"等。

国家"九五"计划（1996～2000年）虽然没有出现"城市化"或"城镇化"一词，但在"促进区域经济协调发展"一章，强调要"正确处理全国经济发展与地区经济发展的关系，正确处理建立区域经济与发挥各省区市积极性的关系，正确处理地区与地区之间的关系"。计划还提出，要突破行政区划界限，在已有经济布局的基础上，以中心城市和交通要道为依托，逐步形成7个跨省区市的经济区域，包括长江三角洲及沿江地区、环渤海地区、东南沿海地区、西南和华南部分省区、东北地区、中部五省地区、西北地区等。在"实施可持续发展战略"一章中，指出要"统筹规划城乡建设，严格控制城乡建设用地……逐步形成大中小城市和城镇规模适度，布局和结构合理的城镇体系……加快市政公用事业发展；加快城市住宅建设，实施安居工程，大力建设经济实用的居民住宅。推进城镇住房制度改革……加强乡村基础设施建设，有序地发展一批小城镇，引导少数基础较好的小城镇发展成为小城市……"等内容。

国家"十五"计划（2000～2005年）对城镇化问题高度重视，在专门的一章"实施城镇化战略，促进城乡共同进步"中提出，"提高城镇化水平，是优化城乡经济结构，促进国民经济良性循环和社会协调发展的重大措施"，认为"我国推进城镇化的条件已渐成熟，要不失时机地实施城镇化战略"；"走符合我国国情、大中小城市和小城镇协调发展的多样化城镇化道路，逐步形成合理的城镇体系；有重点地发展小城镇，积极发展中小城市，完善区域性中心城市功能，发挥大城市的辐射带动作用，引导城镇密集区有序发展；加强城镇规划、设计、建设及综合管理,形成各具特色的城市风格,全面提高城镇管理水平"等。计划还提出了"改革城镇户籍制度"、"改革完善城镇用地制度"、"建立城镇建设投融资新体制"、"科学制定设市、设镇标准"、"加强政策协调,改进城镇化宏观管理"等政策要求。可见,随着时间的推移和对城镇化内涵认识的深入,规模政策的局限性越来越多地被人们所认识。因此,在 2000 年国家"十五计划"以后,中央正式文件对城市发展的指导原则已经发生了变化,不再提"严格控制大城市规模"。

国家"十一五"规划(2006 ～ 2010 年)开始重视城镇群的作用和农民工问题的解决。如在专门的一章"促进城镇化健康发展"中,提出要"坚持大中小城市和小城镇协调发展,提高城镇综合承载能力……积极稳妥推进城镇化,逐步改变城乡二元结构"。规划还提出要"分类引导,鼓励人口进城并转化为城市居民……把城市群作为推进城镇化的主体形态……加强城市规划建设和管理……破除城乡分割的体制障碍,深化户籍制度改革,建立健全财政、征地、行政区划设置和管理模式等配套政策"等。

(二)"十一五"以来中央对城镇化政策的表述

2006 年,在党的十六届四中全会上,中央把构建和谐社会作为今后一段时期重要的战略任务。针对影响社会和谐的城乡、区域、经济社会发展不平衡等突出问题,中央把城镇化作为推动和谐社会建设的重要环节。在《中共中央关于构建社会主义和谐社会若干重大问题的决定》中指出,要"坚持工业反哺农业、城市支持农村,扎实推进社会主义新农村建设,促进城乡协调发展,调整优化农村经济结构,积极稳妥地推进城镇化,发展壮大县域经济……统筹城乡环境建设……全面开展城市社区建设"。

城镇化也是促进区域协调的重要着力点。国家相继提出振兴东北等老工业基地、促进中部崛起战略,与先前提出的东部地区率先发展和西部大开发战略一起，使国家的区域政策实现了国土层面的全覆盖。在不同地区，因地制宜地走有特色的城镇化道路，促进大中小城市和小城镇的协调发展，是推动区域协调，优化国土开发格局的重要依托。在 2007 年党的十七大报告及以后历次中央会议中，都对此进行了重点阐述。

2008 年年底国际金融危机爆发以来，中央把城镇化与结构调整、转型和扩大内需紧密地联系起来。城镇化引发的城市基础设施及房地产建设过程，对投资性内需的拉动非常显著。城市基础设施和公共产品在投入运营后，会加速人流、物流、信息流的集聚，改变生产、生活和消费环境，降低生产成本，促进投资增长，扩大就业规模，拓展市场范围，引致投资需求和消费需求的增长。中小城市和小城镇因为基础设施和公共服务普遍滞后，经济要素集聚不足，重点推动他们的发展，可以更大地发挥城镇化在促进内需和结构调整中的作用。因此，在 2009 年年底召开的中央经济工作会议上，中央把"积极稳妥推进城镇化，提升城镇发展质量和水平"看作是"加大经济结构调整力度，提高经济发展质量和效益"的重要举措。2010 年 6 月，李克强副总理在《求是》杂志上也撰文指出 [1]，要"把城镇化作为扩大内需的战略重点，拓展持续发展空间"，他认为"城镇化是经济社会发展的客观趋势。我们讲扩大内需，最大的内需在城镇化，最雄厚的内需潜力在城镇化。当前和今后相当长一段时间，我国城镇化处于快速发展阶段。在这个历史阶段，应以加快城镇化为依托，调整优化城乡和区域结构，扩大消费需求和投资需求，促进经济长期平稳较快发展"。

在 2010 年 10 月，党的十七届五中全会通过的《中共中央关于制定国民经济和社会发展第十二个五年规划的建议》中，对推进城镇化健康发展进行了全面的阐述，充分体现了新的历史时期，中央对城镇化问题的深刻理解和全面把握。如中央提出要"坚持走中国

---

[1] 李克强 . 关于调整经济结构促进持续发展的几个问题 [J]. 求是，2010（11）.

特色城镇化道路,科学制定城镇化发展规划,促进城镇化健康发展";要"完善城市化布局和形态,按照统筹规划、合理布局、完善功能、以大带小的原则,遵循城市发展客观规律,以大城市为依托,以中小城市为重点,逐步形成辐射作用大的城市群,促进大中小城市和小城镇协调发展。科学规划城市群内各城市功能定位和产业布局,缓解特大城市中心城区压力,强化中小城市产业功能,增强小城镇公共服务和居住功能,推进大中小城市交通、通信、供电、供排水等基础设施一体化建设和网络化发展"。同时,还提出要加强城镇化管理,"要把符合落户条件的农业转移人口逐步转为城镇居民作为推进城镇化的重要任务"。

二、30 年来我国城镇化历程的回顾

(一) 与国家渐进式的改革历程息息相关 [1]

1. 1978 ~ 1992 年的改革探索对城镇化的影响

1978 年召开的党的十一届三中全会确立党的工作重心全面转向了经济建设,中央认识到了城市在商品经济和工业化过程中的积极作用,重新把发展城市和建设城市工作提上了重要议事日程,但城镇化的首波"推力"却是来自于农村的改革。从 1978 年民间自发推动到 1983 年全国普遍实行的农村家庭联产承包责任制,促进了农村经济的繁荣,释放出大量的富余劳动力。与此同时,附着于小城镇的乡镇企业成为经济发展的重要力量。据统计,截至 1978 年,全国乡镇企业的个数为 152 万个,而到 1984 年则增加到了 606 万个,吸收非农产业就业人数 5208 万人,占全国非农产业就业比重的 30.1%。政府通过放松农民跨界流动和户籍管理制度,放宽小城镇设镇标准和发展模式等,使小城镇得到迅猛的发展,小城镇建设成为 30 年城镇化快速发展的第一波。费孝通先生曾经在 1983 年提

---

[1] 王凯,陈明.近 30 年快速城镇化背景下城市规划理念的变迁 [J].城市规划学刊,2009 (1).

出"小城镇大问题"的著名论断，推崇中国城镇化要走农民"离土不离乡"的道路。

自1984年国家改革的重点转入城市以来，以中小城市快速发展为特征，城市改革产生的"拉力"成为我国城镇化主要动力。同时，城市的发展带动了第三产业的迅猛发展。据统计，1985～1992年，第三产业占GDP的比重由24.5%提高到了34.3%，就业人数由8359万人增加到1.3亿人。第三产业的活跃和发展，不仅有效扩大了非农领域就业的规模，推动了城乡经济的互动，而且对城市内部空间结构的调整产生了重大影响。

继1979年国家批准设立深圳、珠海、厦门和汕头4个经济特区后，1984年5月中央又开放了北到辽宁大连，南到广西北海的14个沿海港口城市，1988年将海南全省批准为经济特区，1990年又决定开发浦东新区。沿海地带开发区域的不断扩大，不仅使沿海地区在经济的发展上抢占了先机，使外来资本与国内资源优势的结合有了良好的载体，而且起初开发区远离中心城市的选址，对城市的空间结构也产生重大影响[1]。沿海地区的经济快速发展提供了大量的各种层次的就业岗位，带动了中西部农村剩余劳动力的转移，同时推动了沿海大批中小城镇的发展，奠定了这些地区城镇化发展的基础。

2. 1992～2000年的改革探索对城镇化的影响

1992年邓小平的"南巡讲话"加快了中国发展的步伐。各级各类开发区的大发展成为这一时期城市经济建设和空间结构调整的主要内容。仅1992～1993年一年的时间，全国新设县级以上开发区6000多个，占地1.5万km^2，比当时城市建设用地总面积还多0.16万km^2。开发区的建设推动了城市经济要素的重组和土地利用的变化，成为推动城镇化的重要载体。

---

[1] 开发区最初的选址大都距主城8~10km，一是为开发区创造相对宽松的发展环境，享受自由的经济制度，二是限制其影响范围，相对封闭，有利于加强管理。当时对开发区的认识还未突破姓社姓资的桎梏。

1992 年党的"十四大"确立了社会主义市场经济体制，市场作为配置资源的主要手段成为社会的广泛共识，它对传统的以落实计划为主要任务的城市规划产生强烈冲击。"城市规划将不完全是计划的继续和具体化。城市作为经济和各项活动的载体，将日益按照市场来运作"[1] 的提法基本反映了对新体制下城市规划工作的理解。市场经济体制对城市发展最大的影响是城市土地市场的建立。1993 年起，商业性用地使用权实行公开招拍挂制度。1998 年，为应对亚洲金融危机对国内经济的冲击，国家启动了住房制度改革，停止了福利分房，从而撬动了巨大的房地产市场。土地和住房的市场化改革，在规范土地市场、改善城镇居民住房条件的同时，也为延至今日的城市地方政府以地生财、获得巨额土地批租收益奠定了制度基础。自 1998 年以来，房地产投资始终占据城镇固定资产投资的 25% 以上，土地转让收入占到了地方财政收入的 20% 以上，个别地区甚至达到了 40% 以上。可以说开发区建设和房地产开发构成了这一时期城市建设的主要内容，规划则在努力适应开发区和城市新区的大发展中寻求技术上的突破与发展。

3. 进入新世纪以来改革探索对城镇化的影响

进入新世纪，中国的综合国力达到新的水平（人均 GDP 首次超过 7000 美元）。2001 年中国加入世界贸易组织使中国真正成为全球经济的重要一极。吸引外资，发展外向型经济成为这一时期城市发展的主要目标。随着全球化程度的不断深入，一些依托区位优势、劳动力比较优势、技术优势的沿海地区城市的国际化程度不断提高。发展大城市，发展大城市为核心的城市地区成为地方政府和学界的共识。特别是长江三角洲、珠江三角洲、京津冀三大城镇密集地区以不足 3% 的国土面积，聚集了全国 14% 的人口，创造了全国 42% 的国内生产总值，发挥了国家经济发展引擎效应，成为学界相关领域研究的重点。

---

[1] 赵士修. 转变城市规划观念，提供超前优质服务，促进改革开放和各项建设协调发展 [J]. 城市规划，1992（4）.

然而，长期实施效率优先的改革道路，带来的区域差距和城乡差距已经无法忽视，长期依赖外向型经济和投资带动的发展方式也面临着巨大的挑战。因此，中央在世纪之交提出了西部大开发的战略，随后又相继推出了东北等老工业基地振兴、中部崛起等战略，国家区域发展战略实现了国土层面的全覆盖，为统筹经济社会全面发展和城镇空间布局奠定了战略基础。

"十一五"时期是我国区域规划和区域性政策文件出台最为密集的五年，也是各级地方政府促进区域经济社会一体化发展力度最大的五年。特别是 2008 年年底国际金融危机爆发以来，国家对转变发展方式、扩大内需、构筑更加均衡的发展格局空前重视，推动了国土层面的开发开放向纵深发展、新的增长极不断形成、中央和地方利益诉求呈现出新的特点。自 2006 年天津滨海新区进入国家区域发展战略以来，国家区域政策的针对性不断增强，多样性特点日益突出，政策区不断向纵深发展。在东南沿海地区，《珠江三角洲地区改革发展规划纲要》、《长江三角洲地区进一步改革开放和经济社会发展的指导意见》相继获批，辽宁沿海经济带、江苏沿海、广西北部湾经济区、福建海峡西岸、山东黄河三角洲高效生态经济区规划和海南国际旅游岛建设发展规划相继获得国务院批复，上海浦东、深圳特区综合配套改革深入进行，广东横琴岛的开发开放，确立了我国东南沿海全方位、多层次发展的格局，国家沿海地区开发开放向纵深不断推进。

在东北，《中国图们江区域合作开发规划纲要》成为国家首个获得批复的沿边地区开发规划。在中西部地区，设立成都市和重庆市全国统筹城乡综合配套改革试验区、湖北武汉城市圈和湖南长株潭城市群全国资源节约型和环境友好型社会建设综合配套改革实验区，皖江城市带承接产业转移示范区规划、江西鄱阳湖生态经济区规划、关中—天水经济区发展规划等纳入国家战略。2010 年，中央新疆工作会议召开，推动新疆实现跨越式发展和长治久安成为未来一段时期中央和各援疆省市的战略性工作。

（二）与国家对社会管理能力的提高息息相关

受经济社会发展基础薄弱的制约，我国长期实施"先生产，后生活"的发展策略，因此，城市的综合承载能力极为有限。在改革开放之初，计划经济体制下导致的区域分割、用工分割、城乡分割、市场分割、户籍分割等瓶颈难以有效突破的情况下，国家顺应城镇化进程对社会管理不断提出的要求，逐步完善了包括用工制度、户籍制度、社会保障制度、医疗保险制度、城乡基本公共服务等在内的社会管理服务体制，为城镇化的顺利推进奠定了良好的制度基础。

改革开放之初，政府通过对农民跨界流动和户籍管理制度放松，推动了一大批小城镇的快速发展，带动了城镇人口的迅速增加。1984 年，随着国务院放宽建镇标准，全国城镇数量迅速增加，建制镇的数量由 1983 年的 2786 个猛增至 6211 个，一年内新设的建制镇超过了以往 30 多年建制镇数量的总和。同年，针对农民非农就业人数越来越多的局面，国务院还下发了《关于农民进入集镇落户问题的通知》，规定"凡申请到集镇务工、经商、从事服务业的农民和家属，在集镇有固定住所，有经营能力，或在乡镇企事业单位长期务工的，公安部门应准予落实常住户口……统计为非农业户口"。这是政府对自主性流入城镇的农村流动人口的第一次正式肯定和认可。

随着农民进入城市人数的快速增长，在 20 世纪 80 年代中期，中央发布规定，要求所有在城市地区居住六个月以上，年满 16 周岁的流动人口申请暂住证。颁发暂住证的意义在于，农村居民在法律上被允许离开原来村庄到外地居住，尽管他们仍然得不到粮食供应和住房。

根据农业部 2005 年的研究，20 世纪 90 年代初，沿海地区出口产业的快速增长吸引更多农民工进城打工。至 1994 年，农民工的数量已经达到约 8000 万人。国家和各级地方政府认识到农村人口转移是保持中国经济快速增长不可或缺的一部分，各地针对农民工的就业歧视政策和措施逐步消解。当然，更为重要的是随着市场经济的快速推动，计划经济时期依托票证、面向城市户籍居民的粮食等生活必需品供应、住房供给等体制已经瓦解，制约农民工向城市流动的基本生活障碍已不复存在。

国家改革的重点在 20 世纪 90 年代进入城市，特别是国有企业改革后，城市大量的下岗和失业职工问题给城市的稳定和发展带来了巨大的挑战。国家和各级地方政府适时推动建立了再就业服务中心，逐步建立了与职工企业身份脱离的社会保障制度等，为逐步建立统一、开放的劳动力市场奠定了制度基础。

然而，自 20 世纪 90 年代中期起，政府在推进公共卫生、医疗、教育、住房等事关民生重要领域的改革时，市场的过度开放、政府的过度退出和有效干预的缺乏，使城镇化过程中居民的保障性住房、福利救助、医疗救助、公共安全等的供给严重不足，教育、医疗等公共服务领域的"产业化"进程严重影响城镇化的健康发展。城市中来自农村的外来人口已成为城市人口的重要组成部分，他们虽然实现了职业的转化和地域的转移或不完全转移，但他们在医疗、养老、失业保险、子女教育、合法权益维护等方面还难以获得与市民相同的公平待遇。同时还存在农村发展机会不公平，基础设施严重滞后，生产生活条件亟待改善等问题。这些在城镇化中存在的突出社会矛盾和问题，成为进入新世纪国家力推科学发展观、建立和谐社会、实现包容性增长的不容忽视的现实基础。

进入新世纪以来，中央出台了若干完善社会管理、提高城乡公共服务水平等方面的政策措施。如中央在 2003 年开始实施新农村建设，加大了以工补农、以城带乡的力度，大力促进城乡基本公共服务均等化，稳步推进农村生产要素流动的改革；地方政府也开始认真着手解决农民工的养老、住房、子女教育、医疗等问题，逐步解决农民工的"市民化"问题。针对一些城市住房价格涨幅过高、群众改善居住条件面临困难、保障性住房发展滞后的局面，中央及有关部门及时出台了《国务院关于解决城市低收入家庭住房困难的若干意见》、《廉租住房保障办法》及《经济适用房管理办法》等重要的政策文件，希望通过加大保障性住房的供给力度来切实解决群众的居住困难。此外，政府对公共交通、城市公共基础设施、社会管理事务的公共参与、外来人口的服务和管理、基层组织建设等领域，也加紧落实配套服务和措施。

为适应全国统一劳动力市场逐步形成的需要，国家在管理层面，也加紧根本性政策措施的出台步伐。2009 年 12 月，国务院常务会议审议通过了《城镇企业职工基本养老保险关系转移接续暂行办法》。办法规定，从 2010 年 1 月 1 日起，包括农民工在内的参加城镇企业职工基本养老保险的所有人员，其基本养老保险关系可在跨省就业时随同转移。国家还决定从 2010 年 7 月 1 日开始，流动人员跨省就业时可以转移自己的医保关系，个人账户可以跟随转移划转，城镇企业职工基本医疗保险、城镇居民基本医疗保险和新型农村合作医疗三种不同类型的医疗保险关系，也可互相转移。

（三）与国家对城镇化战略认识的提高息息相关

随着城镇化的推进，国家对城镇化的认识也在不断提高。由于我国人口多、底子薄，发展很不平衡，推进城镇化的同时面对着实现经济增长、社会发展和解决人口众多、资源紧缺、环境脆弱、地区差异大等许多问题和矛盾，这就决定了我们必须贯彻落实科学发展观，坚持走中国特色的城镇化道路。一是要坚持保护环境和保护资源的基本国策，坚持城镇化发展与人口、资源、环境相协调，合理、集约利用土地、水等资源，切实保护好生态环境和历史文化环境，走可持续发展、集约式的城镇化道路。二是要全面考虑经济社会发展水平、市场条件和社会的可承受程度，发挥市场推进城镇化的重要作用，通过市场实现城镇化过程中各种资源的有效配置，吸引各类必需的生产要素向城镇集聚，同时发挥政府的宏观调控作用，加强和改善政府对城镇化的管理、引导、规范。三是要坚持走多样化的城镇化道路，推进各级各类城镇协调发展，形成合理的城镇体系，提高城镇综合承载能力，发挥各级各类城市和小城镇在一定区域范围内的职能作用。四是要根据各地经济社会发展水平、区位特点、资源禀赋和环境基础，合理确定各地城镇化发展的目标，因地制宜地制定城镇化战略及相关政策措施，加强城市之间的经济联系和分工协作，实现城市以及地区优势互补和共同发展。五是要通过深化改革，研究制定适合我国国情、符合社会主义市场经济规律的政策措施和体制机制，营造城镇化发展的良好环境。

三、生产要素流动的新特点对体制机制提出了新的要求

（一）对区域协调提出了新要求

随着我国社会主义市场经济体制的日益健全，城镇化的快速发展和城市经济的持续增长，城市在规模、等级和空间布局上的联系越来越紧密，城市与区域发展的一体化、系统化和网络化态势愈发显著。近年来由于东部沿海地区土地、资源和劳动力成本的加速上涨，导致资本向我国中西部地区加速转移，中西部地区的工业化和城镇化不断提速，新的城镇和经济社会发展空间快速形成。金融危机导致长期依赖国外市场的外向型发展模式受到挑战，内外需求的平衡成为转变经济发展方式的重点，中西部地区人口规模和市场潜力较大、基础设施和劳动力优势突出的一些区域，成为国内外资本投资的热点地区。以四川灾后重建和新疆跨越式发展为代表的国家对口援建、帮扶发展模式，有力地推动资本向国家政策区转移，推动国家经济发展和城镇空间体系的新一轮重构。资本在东、中、西

部流动的新特点，需要在空间规划和管理上予以应对。如何在保证粮食安全、能源安全、生态安全和环境安全的前提下，统筹安排社会经济、城镇发展、资源环境、生产力布局和重大基础设施的布局，因地制宜地引导人口和产业合理聚集，成为区域协调发展的新要求。

（二）对社会管理提出了新要求

全国城乡统一的劳动力市场逐步形成，对城市管理提出新的要求。制约劳动力要素实现优化配置的体制障碍得到破除，在为城镇化健康发展带来新动力的同时，也使城市面临着人口管理、公共服务供给、基础设施融资等新的管理难题。城市还需要在信息化建设、外来人口服务、保障性住房供给、居民子女义务教育、农民工技能培训、就业信息服务、非正规就业的管理和服务等领域，加快体制机制创新，降低城镇化门槛，加快外来人口的市民化进程。

城市人口来源的多样化，对城市基层管理和市民社会的构建提出了新的要求。随着社会主义市场经济的发展，大量农民工、灵活就业群体涌入城市，城市的社会阶层不断分化和增加，原先依托单位、居委会等模式参与社会管理的基层组织已难以适应社会变化，而能体现时代特色和社会变化的新组织仍处于孕育之中，力量尚显薄弱。"强政府、弱社会"的格局，使得社会各群体，特别是弱势利益群体，缺乏实现利益诉求的社会通道，也使得整个社会缺乏谈判、沟通、妥协的内在机制，容易导致社会矛盾频发，需要城市政府在社会管理、公共参与、法制保障、高效手段等方面采取积极有效的措施来应对社会变化的新形势。

（三）对空间差异认识和空间管理提出了新要求

农民工返乡和创业群体规模的不断加大，推动了中西部地区非农产业发展和民营经济发展，优化了城镇发展的空间格局，促进了当地经济社会发展的内生动力。湖北省从 2008 到 2010 年，回归创业投资在 10 万元以上的企业达 1.7 万家，投资总额达到 140 亿元，吸纳劳动力达到 50 万人。据该省调查统计，有 1.5% 的外出务工经商人员具备回归创业的经济基础，潜在投资规模可达 1000 多亿元 [1]。从劳动力和回流投资在省内的分布来看，绝大多数返乡农民工，特别是具有一定技术或资金积累的青壮年劳动力，都会选择在当地从事非农产业。如江西昌都芙蓉山工业园的 120 多家企业中，有 75% 是回乡的昌都人创办的；广西梧州工业园区的加工企业中，1/3 的工人都有在珠三角打工的经历。

随着国家参与国际竞争的深入和分工方式的转变，我国产业结构的升级在加速进行，资本在不同区域投资领域的差异化特征更加显著。在东南沿海和经济发达的城市，创新创意产业、休闲娱乐产业和生产生活服务业成为资本投资的重点领域，引导城市和区域的功能不断升级和优化；在沿海后发地区和沿边开发开放区域，以港口、物流、临港工业和工业开发区为重点的用地在不断扩张；在中西部的众多县城，随着集聚人口规模的不断扩大，房地产、生产生活服务业领域的投资不断扩大，发展活力不断增强。

随着城乡联系的不断密切，大规模的资本进入乡村地区，推动着城乡融合一体化的发展。城郊结合部地区，在农村集体土地进行的房地产和工业园区项目的开发成为农民和农村参与城镇化进程的重要方式；城郊型农业、设施农业和观光农业快速发展，成为推动城乡要素和功能联系的重要载体；农村休闲和娱乐业的发展，在为城市居民提供休闲度假基地的同时，也为农村居民提供了更多的非农就业岗位和增收的机会。

资本流动的区域、投资的重点和在城乡空间的分布差异，使不同区域的城镇化呈现出不同的发展动力，也使得空间扩张呈现出差异化的特征，空间管理的针对性需要加强，以避免空间的无序扩张和物质空间环境的破坏。

---

[1] 中国城市规划设计研究院"湖北省城镇化战略研究"项目组根据湖北省座谈数据整理。

（四）对宜居城市建设提出了新要求

随着城乡居民生活水平的提高，城乡居民对城市宜居环境和水平有了新的要求。在经济上，居民不但希望城市能够提供充足的就业岗位，更希望城市提供高质量的就业岗位，使其有较高的可支配收入以逐步实现在城市的定居和提高生活质量；在公共服务领域，居民希望城市提供多层次、差异化的设施和服务，满足市民对不同设施和服务的需要。城市住房的供给，既能够满足高端商务人士和高收入群体的高档商品住房需求，又能够为低收入群体提供充足的保障性住房；既要有综合性的大医院、国际学校，又要注重社区医院、公立学校的建设标准和合理布局；既要有高雅的文化艺术展示和演出设施，也要有普通工薪阶层健身、活动的开放式小广场、小公园；既要为开小汽车的人修停车场、高架桥，也要建设好快速公交体系和步行系统。

随着人们物质生活水平的不断提高，人们对精神文化生活的需求也越来越强烈，和谐的生存环境、独特的文化氛围，已经成为广大市民的追求和城市魅力的所在。在城市建设快速推进的同时，更应该注重城市特色的塑造，辩证认识和处理好城镇现代化建设与城市历史文化传统的继承和保护之间的关系，把保护文化遗产作为提升发展质量、改善居民生活环境、推动城镇现代化建设的动力。

（五）对城乡协调发展提出了新要求

"十二五"时期，在城镇化快速推进的过程中，促进城乡协调发展仍然面临很大的挑战。一是虽然国家强农惠农政策力度明显加大，但城乡收入差距扩大的趋势在近期仍然难以得到根本遏制。二是城市扩张，失地农民难以很快融入城市社会。全国 6.22 亿城镇人口中，包含着大约 1.3 亿的"农民工"和他们的家属，但这些人与真正意义上的市民还有相当大的差距。新的城市发展地区及城乡结合部是农村富余劳动人口主要的聚居地，他们的居住、就业、子女教育、社会保障等还存在较多困难。三是重城轻乡，在发展中对农村地区统筹考虑和扶持、反哺的力度依然不够。农村地区基础设施建设投入不足，公共服务网络不健全，社会保障欠缺，导致农村环境污染严重，基础设施落后和农村公共服务供给不足的问题仍很突出。虽然全国新型农村合作医疗的覆盖人口占92%，全国新农合筹资水平达到每人每年100元，但住院报销比例仅40%左右，还不能解决农村居民因病致贫、因病返贫的问题。四是农村地区富余劳动力大量进城，造成留村农民人口老化、素质下降、基层组织薄弱，农村和农业发展缺乏活力。五是缺乏统筹协调的管理机制，在城市地区，城市被"城中村"分割，被"城边村"包围，在边远地区，随着人口流向城镇，一些村庄实际居住人口进一步减少，基础设施和公共服务设施配套效率低，"空心村"问题突出。这些问题如果得不到有效的推进，未来城镇化推进过程中的城乡协调发展所存在的问题将会更加突出。

（六）对加强部门协作提出新要求

推进城镇化健康发展是一项综合性、系统性的工作，涉及经济、社会、人文传统和体制机制等各个方面，解决深层次问题已进入了攻坚阶段。只有加强部门间的协作，才能使这些问题有所推进。随着城镇化的迅速推进，我国城镇化还会不断出现新情况、新问题，只有建立部门间的长效合作机制，才能使矛盾得到及时化解。如要加强统计部门和城建部门的合作，完善城市建成区的范围认定和城镇人口的统计标准，才能使得城镇化数据可以进行横向和纵向对比，实现国家对城镇化问题的科学决策；要逐步解决流动人口"两头占地"问题，需要按照户籍制度改革的方向，加强各部门政策间的协调和配合，才能逐步将计划经济条件下依附于户籍管理制度的各种经济社会关系与城乡二元的户籍管理制度脱钩，创造条件促进进城农民向"市民"转化；要综合调整完善财政、投资、产业、土地、生态环境等配套政策，才能促进城镇集约紧凑发展；要深化行政管理体制改革和税费体制改革，健全干部考核机制，才能有效遏制地方政府的短期行为；要健全部门协调机制，加强部门之间的协调和沟通，建立重大事项的部门会商机制，才能部门合力，共同做好有关工作，促进各类规划之间衔接协调，推动城镇健康协调发展。

四、中国特色城镇化道路的求索经验

（一）改革开放 30 年来对城镇化内涵的认识逐步深化

30 年城镇化的进程表明，城镇化快速推进势不可挡，只能因势利导。随着社会各界对城镇化战略的关注，人们对城镇化内涵的认识也在不断深入。我国的特殊国情与背景决定了我国的城镇化不能照搬国外的城镇化模式。我国的城镇化要区别不同地区的情况和发展条件，实行多元化的发展战略，多渠道、多元化、多模式地推进；要更加注重城镇化进程中城乡之间、区域之间、大中小城市和小城镇之间的协调发展；在推进方式上，要实行政府、市场与民众的结合等。

（二）在不同时期，国家对城镇化关注的重点不同

改革开放后较长一段时期，中国的城镇化从农村和小城镇起步和发展，曾走出一条"离土不离乡，进厂不进城"的分散式城镇化道路。基于当时大中城市综合承载能力普遍偏弱的国情现实，当时国家重点推动了小城镇的改革和发展，使其成为聚集农村人口和资源的主要载体，有效地改变了农村经济社会落后的面貌。

进入 20 世纪 90 年代后，随着城市经济的快速发展，国家经济重心转向城市，体制机制改革的重点也转向城市。城市土地市场的建立、房地产市场的改革、城市基础设施投融资体制的改革等，都

成为当时改革的热点并有力地推动了城市的快速发展，但也导致了城市内部、城乡之间、区域之间的发展严重不协调。

进入新世纪后，随着国家经济实力的增长和对城镇化战略认识的深入，国家对以城镇化推动经济发展的"单一经济发展观"进行了调整，更加注重城镇化推进过程中的区域、城乡和经济社会协调发展。强化区域规划的引导和调控、加强新农村建设、加强城市旧区更新和改造、完善农村土地承包制和宅基地制度、以城镇化来扩大内需增长等，相继成为国家城镇化战略关注的重点，并发挥了积极的作用。

（三）坚持以农业和农村稳定为前提，基本避免了"超前"、"过度"城镇化

改革开放以来，国家坚持将农业和农村的稳定作为推行经济发展和城镇化战略的前提，在不同的历史时期，实行了农村家庭联产承包责任制、农产品流通体制改革、粮食保护价格政策、扶贫开发等重要的改革和政策措施，有效地发挥了稳定农业生产和农村的作用。进入新时期以来，随着国家经济社会发展的阶段性变化，国家提出了建设社会主义新农村这一对稳定农村具有综合性、全局性和长远性的指导思想，探索"工业反哺农业、城市支持乡村"的长效机制，着力破解城乡二元结构，加大了解决"三农"问题的力度，推出了一系列加强农村基础设施建设、推动城乡公共产品和公共服务均等化、提高农民收入的政策措施。尤其是进城务工农民继续保留农村承包经营土地和宅基地的政策措施，更是一种具有中国特色的"社会稳定器"，在保持社会稳定方面发挥了极其重要的作用。农业和农村的稳定，使我国在持续快速的城镇化进程中，基本保证了城镇化转移人口规模、速度与城镇承载能力的平衡，基本避免了许多发展中国家在快速城镇化时期出现的"超前"、"过度"城镇化问题，特别是拉美、非洲等国出现的大量失地和破产农民涌入城市、加剧城市贫困的严峻局面[1]。

（四）管理体制要不断完善和调整，不可能一步到位

城镇化是一个国家完成经济、社会、文化和人口等各方面转型的长期历史趋势和过程，不可能一步到位。我国的城镇化进程，又同时面临着市场化、全球化、工业化、信息化等全方位改革开放进程的推进和影响，呈现出前所未有的复杂局面。在城镇化的不同阶段，制约经济社会发展的主要矛盾各不相同，管理体制机制的完善和调整的重点也会有所不同。而且，调整和完善制约城镇化健康发展的管理体制机制，涉及国家财政税收、土地管理、教育管理、行政管理、社会保障、医疗卫生、住房保障、流动人口管理等各方面的配套政策的系统性改革和完善，不可能一蹴而就。因此，对制约城镇化健康发展的体制机制改革，既要积极，又要稳妥。要根据各地区制约城镇化健康发展的核心问题，积极推行体制机制改革的试点，取得经验后再进行推广。尤其需要注意的是，对体制机制的改革和完善，既不能失去加速推动改革发展的机遇期，又不能失去大国发展所必需的稳健性。

（五）城乡规划在调控经济发展和配置空间资源方面，发挥了积极作用

建立适应和完善社会主义市场经济体制要求下的城乡规划工作应立足国情，坚持贯彻合理用地、节约用地的原则，严格控制城市建设用地标准，实施严格的城市建设用地规划许可制度。我国逐步形成了包括全国和省域城镇体系规划、城市（镇）总体规划、村庄和集镇规划、风景名胜区规划在内的城乡规划体系。城乡规划编制方法不断改进，规划的前瞻性、可操作性和宏观调控作用不断加强，法规日益完善，实施保障机制日益健全。规划加强对城市建设用地

---

[1]陈锋、王凯、陈明等.改革开放30年我国城镇化和城市规划的回顾与前瞻（内部讨论稿），2009.

的增长管理，努力提高城市建设用地的集约利用水平，控制城市建设用地低密度扩张，避免了美国等一些国家出现的城镇低密度扩张、城市人口密度持续下降的现象。我国城市平均人口密度达到 1.1 万人 /km^2 左右，是世界上城市用地集约程度最高的国家之一。近年来，城乡规划在遏制盲目扩大城市规模、规范各类开发区管理，促进城镇增长方式从粗放型向集约型转变、促进区域协调发展、优化城乡公共资源配置和基本公共服务均等化等方面发挥了积极作用。

第三章
Chapter Three

城镇化与经济发展

　　本章讨论"十二五"及今后一段时期内我国城镇化和经济增长的关系。经济学理论认为城镇化能够有效发挥集聚经济的作用，促进经济增长。发达国家的经验表明城镇化是一国经济腾飞的必经之路。对于我国而言，经济发展的主要任务是由传统的"二元经济"向"一元经济"转型，其实质就是城镇化过程。在过去 30 多年里，我国城镇化水平显著提高：一方面，大量农村富余劳动力从农业部门进入城市部门，非农业人口迅速增加；另一方面，产业集聚程度明显提高，城市经济部门对经济增长的贡献不断增强，以工业和服务业为主的城市经济在国家 GDP 中比重达到三分之二以上。但是近年来金融危机、沿海省份因工资引发的劳资纠纷、人民币汇率提高以及政府采取遏制污染和避免产能过剩的政策，标志着我国过去 30 多年来低成本的制造业生产模式已不再稳固。内外部环境的改变势必引起产业和要素在空间分布上重新调整，同时也影响着"十二五"期间我国城市增长和城镇化发展格局。

　　在总结城市经济学理论文献的基础上，本章节利用统计数据和调研数据[1]，同时结合一些国内外的实证研究和报告，探讨"十二五"和今后一段时期内我国城镇化和经济增长的关系。具体阐述三个基本问题：①城镇化是"十二五"期间我国扩大内需和经济增长的重要路径；②现阶段我国城镇化进一步发展面临人口流动、政府管理和环境治理等挑战；③提高社会公共资源和人力资源的空间分配效

---

[1] 调研数据来源于 2009 年 11 月住房与城乡建设部组织的关于"十二五"城镇化研究的调查资料。

率是我国城镇化健康发展的可行路径。核心结论是：随着经济发展目标逐步由"增长"向"发展"转移，经济发展战略从"出口"导向转变为"出口和内需并重"，我国"十二五"及今后一段时期的政策取向就是通过制度创新和空间资源的重新调配来推动城镇化。一方面，落实城镇常住人口中非户籍部分居民的城市居民待遇，提高人力资本水平并推动内需增长；另一方面，鼓励中西部地区的大城市发展以吸纳当地更多农村劳动力到城市部门，为全国范围内的户籍制度、土地制度以及其他制度改革创造条件。

一、城镇化和经济增长的基本理论

大量发达国家经历过的城镇化过程实践推动了城镇化理论发展。最近国内外学者开始研究发展中国家的城镇化进程及其特征，譬如劳动市场流动限制、大量非正式部门经济对城镇化的影响等。本节梳理城镇化和经济增长的理论文献，重点关注发展中国家城镇化和经济增长理论、城市提高经济生产率的主要原因以及影响城市增长的制度性因素。

（一）城镇化和发展中国家的经济增长

城镇化和经济增长紧密相关。人口和产业在城市里集聚可以有效利用专业化经济和城镇化经济，发挥规模经济作用，提高生产率水平。相关研究表明，在城市经济体中，一项经济活动规模增加 10%，生产率提高 0.3%～0.8%，也就是说，城市经济体中存在 3%～8% 的集聚经济 [1]。对发展中国家来说，城镇化是经济持续发展的必要条件 [2]。近年来学术界相关理论认为发展中国家可

---

[1] Rosenthal, S.S. Strange,W.C. Evidence on the Natural and sources of Agglomeration Economies[M]// J.V.Henderson, Jacques-Francois Thisse (eds) Handbook of Regional and Urban Economics, 2004（4）.

[2] Annez,P.C, and Buckley, R.M., Urbanization and growth: Setting the context.[M]// Spence,M., Annez,P.C. and Buckely, R.M.(ed.), Urbanization and Growth: Commission on Growth and Development. Washington: The World Bank, 2009; 1-45.

以通过促进要素流动和人力资本积累来实现经济增长。Lucas 于 2004 年建立了发展中国家城镇化模型[1]。模型的基本思想是，农村移民进入城市后，其技能会得到提升，最终促进经济增长。具体来说，农村移民促进经济增长和技术变迁，即由土地密集型（农业）技术向人力资本密集型（城市）技术转变；另一方面，农村移民进入城市后，整个经济的人力资本开始转型，即由二元技能（低技能和高技能）经济体过渡到高技能经济体。模型表明发展中国家要实现由传统农业社会向持续的工业化经济转变，必须通过发展城市来吸纳农村大规模移民。Lucas（2009 年）通过对世界各国经济发展数据的研究进一步探讨了人力资本积累对一国经济结构转型和城镇化的作用[2]，认为除了资本和劳动力自由流动，来自发达国家的知识外溢是发展中国家实现经济结构转型和经济富裕的主要推动力；如果传统农业在经济结构中份额过大且本国知识水平较低，发展中国家吸收先进国家的知识外溢的能力就变得很局限，即使有很好的经济贸易政策其经济增长也不易实现；只有通过积极推进城镇化，发挥城市在知识交流和吸收先进技术方面的能力以及推动规模经济的作用，发展中国家才会实现由传统"二元经济"向城镇化经济转变，推动经济繁荣。

除上述两个宏观经济增长模型之外，Henderson 和 Wang（2005 年）利用内生增长理论框架分析了发展中国家城镇化和经济发展关系[3]，描述了发展中国家的城镇化演变：在农业经济发展到一定程度后，城镇化开始；随着城镇化水平的不断提高，不同规模城市增长，经济体内形成城市体系。该理论认为经济发展促进农业劳动力向城市部门转移的原因包括两个方面：①随着制造业技术的进步，发达

[1] Lucas,R.E.. Life earnings and rural-urban migration[J]. Journal of Political Economy, 2004, 112(1)：29-59.

[2] Lucas.R.E.. Trade and the diffusion of the Industrial Revolution[J]. American Economic Journal: Macroeconomics 2009，1(1):1-25.

[3] Henderson, J.V., and Wang, H.G.. Aspects of rural-urban transformation of countries[J]. Journal of Economic Geography, 2005(49)：23-42.

国家制造业向成本较低国家和地区转移，带来发展中国家的制造业需求上升；②随着经济增长，农业全要素生产率提高，生产等量农产品的劳动力需求减少。这些文献从理论上解释了城镇化是发展中国家实现现代化和经济增长的基本途径。

（二）城市提高生产率的经济解释

城镇化水平提高意味着经济体可以发挥城市在促进人口变迁、产业结构变迁和人力资本积累等方面的作用，实现经济增长。经济学理论认为城市的好处在于其能够提供不同类型的生产活动、市场、资本和技术，实现规模经济并提高生产率。这一论断可以追溯到亚当·斯密的专业化分工理论。在《国富论》中，亚当·斯密引入了规模经济、要素流动和运输成本等概念，认为专业化分工是生产率提高来源。Marshall（1920 年）则具体阐释了专业化分工的三个基本来源：知识外溢、中间产品专业供应商和劳动力市场聚集，即马歇尔外部经济[1]。传统上马歇尔外部经济分成两种类型，一种是专业化经济（Specialization economies），其来自于产业内经济活动互动产生的外部性；一种是城镇化经济（Urbanization economies），其来源于产业间经济活动互动产生的外部性。Henderson（1974 年）将马歇尔外部经济看作是城市产生的原因，建立了最优城市规模模型[2]。Eaton 和 Eckstein（1997 年）用模型解释了人力资本集聚促进城镇化和经济增长的机制，认为城市的规模与人力资本水平呈正比，规模大的城市的地租和人均工资水平比较高[3]。Black 和 Henderson（1999 年）用模型阐释了人口外生增长条件下单一经济体内的城市规模和数目如何产生[4]。该理论的基本观点就是地方化的信息外溢能够促进产业集聚，而人力资本积累可以促进内生经济增长；城市

[1] Marshall,A., Principles of Economics[M]. London:Macmillan, 1920.

[2] Henderson, J.V.. The sizes and types of cities[J]. American Economic Review, 1974, 64（4）: 640-656.

[3] Eaton,J., Eckstein Z.. Cities and growth: Theory and evidence from France and Japan[J]. Regional Science and Urban Economics, 1997（27）: 443-474.

[4] Black,D., Henderson, J.V.. A theory of urban growth[J]. Journal of Political Economy, 1999, 107（2）: 252-284.

规模随着人力资本积累和知识外溢的提高而扩大，且城市数目会不断增加。最近一项研究中，Duranton（2007年）运用质量阶梯模型（Quality ladder model）建立了技术创新条件下，产业跃迁（Industrial churning）驱动城市增长的模型[1]。该模型解读了企业创新和城市规模空间分布的关系：行业内的创新会提高企业的垄断利润，并吸引同行业内其他企业在本地的集聚，而行业外的创新虽然提高企业的垄断利润，但会驱使该企业选择更易于产生创新的地区。因此，不同类型的创新会使不同城市的产业结构和就业人数发生变化，从而带来城市规模空间分布的变动。

基于上述理论，经济学家们开展了大量实证研究来论证集聚经济是城市中产业生产率提高的主要来源。Glaeser等（1992年）分析美国城市就业数据发现相对于地方化经济而言，城镇化经济是美国城市就业增长的主要来源[2]。Henderson等（1995年）考察了美国产业数据，发现城镇化经济有利于创新型产业生产率的提高，而专业化经济对成熟型产业更具吸引力[3]。Dekle和Eaton（1999年）利用日本城市工资和地租数据检验了集聚经济在城市制造业和金融服务业中的作用，他们的研究发现集聚经济对制造业和金融服务业的生产率提高都有积极作用[4]。Glaeser和Mare（2001年）考察了美国城市出现的"工资溢价"（Wage premium）状况[5]，发现工资溢价不是体现在城市工资水平相对较高，而是表现在城市工资增加较快，这说明城市能够加快人力资本积累，提高劳动力生产率水平，带来经济增长。

[1] Duranton.G.. Urban evolutions: The fast, the slow, and the still[J]. American Economic Review，2007，97（1）：197-221.

[2] Glaeser, E.L., Kallal,H.D., Scheinlman,J.A., Shleifer, A.. Growth in cities[J]. Journal of Political Economy，1992（100）：1126-1152.

[3] Henderson,J.V., Kuncoro,A., Turner, M.. Industrial development in cities[J]. Journal of Political Economy，1995（103）：1067-1085.

[4] Dekle,R., Eaton, J.. Agglomeration and land rents: Evidence from the prefectures[J]. Journal of Urban Economics，1999（46）：200-214.

[5] Glaeser,E.L., Mare,D.C.. Cities and skills[J]. Journal of Labor Economics，2001，19（2）：316-342.

（三）影响城市增长和城镇化发展的制度因素

除基本经济因素外，影响城市增长和城镇化的制度因素也引起了经济学家们的关注。不同制度意味着资源在社会中的分配方式不同。Acemoglu 和 Robinson（2007 年）解释了制度和经济增长的关系 [1]，认为制度尤其是经济制度的重要性在于其能够改变社会中主要经济角色的激励机制，特别是对物质和人力资本投入以及生产组织等方面。制度性障碍（Institutional barriers）主要指一些制度使经济体中一部分人不能享受到基础教育、基础健康帮助、足够的卫生设施和水源等 [2]。这些制度性障碍影响物品、服务和知识在不同部门和地区间流动，减弱国内市场一体化程度和贸易对经济的贡献，不利于城市增长。Duranton（2009 年）探讨了发展中国家特有的制度性因素对城市增长和城市体系的影响，发现人口流动限制、贸易保护、政治因素、二元劳动力市场结构等制约了城市体系效率的提高 [3]。

很多实证研究也论证了制度因素是影响城市增长的重要因素。Ades 和 Glaeser（1995 年）运用多国城市数据验证了政治和城市集聚经济的关系 [4]，结果表明政治上集权是导致很多发展中国家城市集中度高的重要原因。Henderson 和 Kuncoro（1996 年）探讨了印度尼西亚经济自由化对要素和产业空间分布的影响 [5]，发现 1993 年经济自由化后，印度尼西亚的私人企业具有集中趋势，且向政府部门比较集中的地区聚集。Hanson（2001 年）考察了北美自由贸易

[1] Acemoglu,D., Robinson, J.. The role of institutions in growth and development. Working Paper for World Bank's Growth Commission, 2007.

[2] World Bank. Reshaping Economic Geography：World Development Report 2009[R]. Washington D.C.: World Bank, 2010.

[3] Duranton,G.. Are cities engines for growth and prosperity in developing countries[M]// Spence,M., Annez,P.C., Buckely,R.M.(ed.). Urbanization and Growth: Commission on Growth and Development. Washington: The World Bank, 2009：67-113.

[4] Ades,A.F., Glaeser, E.L.. Trade and circuses: Explaining urban giants[J]. Quarterly Journal of Economics, 1995, 110 (1)：195-227.

[5] Henderson,J.V., Kuncoro, A.. Industrial centralization in Indonesia. The World Bank Economic Review), 1996, 10 (3)：513-540.

区对墨西哥边境城市的影响，发现北美区域一体化是美—墨边境城市增长的重要推动力[1]。

发展中国家需要通过制度创新，允许物品、劳动力和资本在市场里自由流动，最大程度发挥集聚经济作用，推动城镇化发展，实现经济有效率增长。基于上述理论，接下来分析"十二五"期间城镇化和我国经济增长的关系。

二、"十二五"期间我国城镇化和经济发展

"十二五"期间城镇化是我国经济增长的重要载体。改革开放以来我国城镇化水平有了大幅度提高，城镇人口比重由 1978 年的 17.9% 增长到 2009 年的 46.6%（见图 3-1）。我国城镇化的速度，不仅高于美国等发达国家，也远远高于印度、巴西和印度尼西亚等众多发展中的人口大国[2]。与此同时，城镇经济成长为我国国民经济的重要组成部分。2008 年我国城市的 GDP 约占全国 GDP 的 75%[3]。在过去 30 多年里，城镇化是推动我国经济高速增长的重要动力。图 3-1 显示 1978 ~ 2008 年我国城镇化率和经济增长之间具有明显的正向关系，验证了城镇化对我国经济发展具有推动作用。但是与经济增长水平相比，我国城镇化水平还需要进一步提高。"十一五"期间，我国 GDP 年平均增长率达到 11.0%，但城镇化水平年平均增长率不足 4%[4]。Henderson（2010 年）运用跨国数据研究了城镇化和经济增长关系，发现我国的城镇化水平滞后于经济发展阶段[5]。因此，实现更加有效率地推进城镇化，将是"十二五"期间我国经济发展的重要任务。

---

[1] Hanson,G.H.. U.S.-Mexico Integration and regional economies: Evidence from Border-City Paris[J]. Journal of Urban Economics, 2001, 50：259-287.

[2] Leman, E.. Metropolitan regions: New challenges for an urbanizing China[R]. World Bank/IPEA. Urban Research Symposium, 2005.

[3] McKinsey Global Institute (MGI). Preparing for China's Urban Billion[R].Research Report, 2009：13.

[4] 中银国际 . 承前启后——"十二五规划"前瞻（研究报告）[R].2010.

[5] Henderson,J.V.. Cities and development. Journal of Regional Science，2010, 50（1）：515-540.

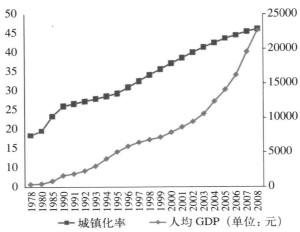

图 3-1 改革开放以来我国城镇化率和经济增长率示意图（1978 ～ 2008）
资料来源：新中国六十年统计资料汇编 [1]。

首先，推进城镇化和城市服务业部门的发展是我国实现经济结构调整和内需增长的重要途径。在过去 30 多年里，我国城市制造业和服务业发展都较为迅速。但是相对于制造业部门的增长，服务业在城市 GDP 中所占比例仍然较低。图 3-2 显示，2005 年以来我国制造业增加值占 GDP 比重的增长速度要快于服务业，而制造业就业人员比例的增长速度则慢于服务业。这说明"十一五"以来制造业部门是我国经济增长的主要推动力，但是我国服务业人均生产率水平仍然较低。城市服务业增长较慢与我国政府投资主导的城镇化模式有很大关系，尤其是投资主导的发展方式制约了城市消费，影响了内需增长。根据统计，2005 年以来我国 GDP 的增长约 50% 来自城市固定资产投资，而城市消费仅占 GDP 增长的 26% [2]。

其次，推进城镇化是解决我国城乡收入差距过大和社会公共服务均等化的重要手段。改革开放以来我国城镇化发展迅速，但是城乡居民收入差距呈持续上升趋势（见图 3-3）。相关研究给出了我国城乡收入差距过大和城乡公共服务不均等的证据 [3]：2009 年

[1] 中华人民共和国国家统计局 . 新中国六十年统计资料汇编 . 北京：中国统计出版社，2010.

[2] McKinsey Global Institute (MGI). Preparing for China's urban billion[R].Research Report, 2009：16.

[3] 中银国际 . 承前启后——"十二五规划"前瞻（研究报告）[R].2010.

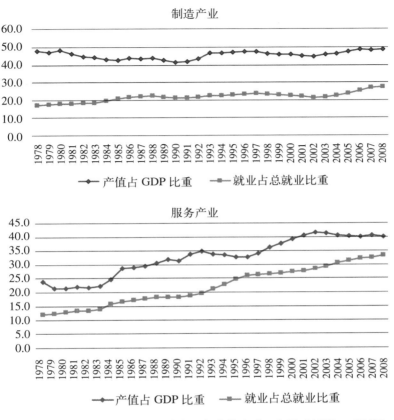

图 3-2 改革开放以来我国制造和服务产业比重示意图（1978 ~ 2008）

资料来源: 新中国六十年统计资料汇编。

我国城乡居民收入差距继续扩大并达到 3.33:1，其中农村人均卫生费不到城市的四分之一；新农合医疗保险下各级财政人均年补贴只有 80 元，这一比例明显低于城镇社会医疗保险下个人支出金额；农村人均教育文化娱乐支出只有城镇的 23%。城乡收入差距的扩大和农村公共服务均等化的缺失造成了我国农村消费的低迷。中国社科院的研究发现我国农村居民消费率相对较低：2008 年我国农村居民的边际消费倾向为 0.65，比城镇居民边际消费倾向高 0.09。从耐用品拥有量来看，2008 年每百户农村居民拥有电脑 5.4

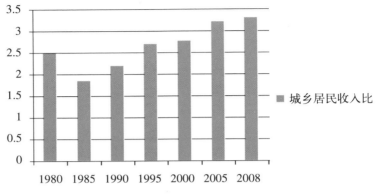

图 3-3　我国城乡居民收入比（1980 ～ 2008）
资料来源：新中国六十年统计资料汇编。

台，不到每百户城市城镇居民拥有量的 10%；每百户农村居民拥
有电视 49.1 台，相当于每百户城市城镇居民拥有量的 1/2；每百户
农村居民拥有照相机 4.4 台，接近于每百户城市城镇居民拥有量的
10%；每百户农村居民拥有空调 9.8 台，不到每百户城市城镇居民
拥有量的 10%[1]。如何启动农村消费市场，挖掘 7 亿多农村居民的
消费潜力，对于我国内需增长具有重大战略意义。因此，"十二五"
期间我国需要继续推进城镇化。一方面我们要通过完善公共服务
体系和社会保障体系建设来提高农村地区社会服务化水平；另一
方面要培育区域性城市，把符合条件的农业人口转变为城市居民，
拉动内需增长。

再次，发展城市有利于发挥集聚经济在经济增长中的作用。改
革开放以来我国大城市数量逐渐增多。1990 ～ 2008 年非农业人口
100 万以上的城市个数明显增加（见图 3-4）：400 万以上的城市由
1990 年的 3 个增加到 2008 年的 13 个，200 万 ～ 400 万的城市由
1990 年的 11 个增加到 2008 年的 28 个，而 100 ～ 200 万的城市由
1990 年的 37 个增加到 2008 年的 81 个。现有文献还表明，不同类

[1] 中国社会科学院 .2010 年社会蓝皮书 [M]. 北京：社会科学文献出版社，2010.

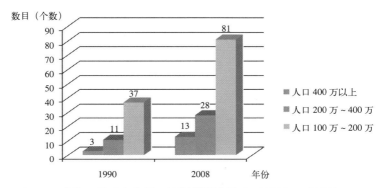

图 3-4 改革开放以来我国不同规模城市演变（1990 ～ 2008）
资料来源：中国城市统计年鉴，1992 和 2009。

型的集聚经济已成为推动城市增长的重要动力。一方面，我国很多
大城市呈现多样化经济特点，发展势头良好。在最新的全球城市排
名中，北京和上海分别位居第 13 位和第 20 位 [1]，这说明近年来我国
这两个城市的全球影响力不断提高。另一方面，我国出现了一批以
专业化经济为主导的中小城市。随着国内市场一体化程度和地区基
础设施水平的提高，大量城镇工业通过工业园区方式集聚，其中一
部分从城市中心区迁移到城市边缘地带，另一部分由计划经济年代
的工业城市向具有区位优势和比较优势的新兴城镇转移。城市专业
化水平提高的典型表现是城市经济中专业性市场的形成，如义乌的
小商品市场、福建石狮的鞋业市场、常熟的服装市场等。工业集聚
和专业性市场成为我国许多城市成长的经济驱动力，造就了一大批
专业化城市和城镇。总体而言，我国中小城市的专业化水平明显提
高，而规模较大城市的多样化经济水平较高。以长江三角洲为例，
近年来区域内主要城市的专业化和多样化程度均获得显著提高。数
据显示，江宁、江阴、昆山、萧山、余杭、闵行、嘉定等城市的经
济专业化程度较高，而南京、苏州、无锡、上海、杭州等城市的经
济具有较高的多样化水平（见表 3-1）。

[1] Foreign Policies. The Global Cities Index 2010[J]. Foreign Policies, 2010, 9/10.

长三角主要城市的区位熵指数（2002 ～ 2006） 表 3-1

	2002	2003	2004	2005	2006
杭州	0.958	1.071	1.281	1.258	1.31
萧山	2.141	2.188	2.264	2.308	2.38
余杭	1.728	1.54	1.735	1.868	1.812
上海	1.086	1.224	1.298	1.254	1.228
闵行	1.767	1.734	2.034	2.224	2.357
嘉定	2.288	2.25	2.319	2.190	2.085
南京	1.259	1.216	1.191	1.236	1.198
江宁	1.382	1.500	1.470	1.346	1.304
无锡	1.439	1.467	1.505	1.387	1.41
江阴	1.616	1.734	1.819	1.645	1.579
苏州	1.19	1.243	1.52	1.674	2.094
昆山	1.879	2.337	2.977	3.578	4.249

注：粗体表示地级市。
资料来源：张超. 城市体系视角下长三角工业空间集聚与转型研究. 城市发展研究，2008，15（2）：20-25.

　　但是我国集聚经济在地理上的分布并不均衡。张晓军等（2009）发现 2006 年长三角、京津冀和珠三角是我国城镇密集区：在 3% 不到的国土面积上聚集了 14% 的全国人口，生产了 42% 的国内 GDP，吸引了 79% 的外来投资；55% 的特大城市集中在沿海地区[1]。这些数据表明，城镇化水平的空间分布不均衡是我国地区经济发展差异的显著表现。因此在"十二五"期间，推进城镇化尤其是中西部地区城市增长是促进我国区域经济发展的重要任务。

　　第四，推进城镇化可以促进我国城市基础设施投资、提高国内市场一体化水平并降低经济发展的环境成本。城市人口增长和城市群发展将直接推动城际和城市轨道交通发展的投资需求以及区域之间基础设施的建设。随着城镇化水平提高，我国城市轨道交通发展迅速：截至 2009 年年底，我国国内有 10 座城市已建成运营 30 条城市轨道交通线路，运营里程达到 813.7km，其中上海 235km、北京 198km、广州 117km、大连和天津 70 ～ 90km（见表 3-2）。

----

[1] 张晓军，潘芳，张若曦，齐元静. 我国特大城市发展的状况、特征及问题刍议. 城市发展研究，2009（5）：12-21.

近期内我国部分城市轨道交通规划 表 3-2

城市	项目	近期规划线路长度（km）
北京	4 号线、8 号线、9 号线、10 号线二期、亦庄线、6 号线、大兴线、7 号线和 14 号线	（2012 年）400
上海	7 号线、8 号线二期、9 号线二期、11 号线、13 号线	（2010 年）115.2
武汉	2 号线	（2010 年）53.9
深圳	1 号线续建、2 号线及延长段、3 号线及延长段、4 号线续建、5 号线	（2010 年）34.7
重庆	1 号线、2 号线延伸段、3 号线、6 号线	（2012 年）165
天津	2 号线、3 号线	（2012 年）115.2
沈阳	1 号线、2 号线	
南京	2 号线	（2010 年）42.3
杭州	1 号线	（2010 年）82.5
苏州		（2010 年）47.4
成都	1 号线	

资料来源：中国城市轨道交通网。

城市轨道交通一方面便捷了市内交通，另一方面也优化了城市空间结构。

城镇化还能提高跨地区交通基础设施水平和地区一体化程度。我国先后实施了《珠江三角洲地区改革发展规划纲要（2008-2020年）》、《长江三角洲地区区域规划纲要》和多个中西部地区的区域城市群发展规划，强调区域合作尤其是跨地区基础设施实现区域市场一体化来带动地区城市增长和地方经济发展。这些跨地区基础设施将成为我国未来城镇化发展尤其是中西部地区大城市发展的重要动力。世界银行 2006 年报告提供了世界上几个国家主要都市区的管理经验，重点强调了区域性交通基础设施对有效管理都市区域的重要作用 [1]。

城镇化发展还有助于促进保护生态环境和减少能源消耗等方面

---

[1] Webster, D., Cai, J., Maneepong, C.. Metropolitan governance in China: Priorities for action in the context of Chinese urban Dynamics and international experience. World Bank Policy Research working paper 33924, 2006.

的投资。这些投资包括投入资金使可再生能源在一次能源供应中的比重逐步提高；通过对低碳技术研发工作的投资，尤其是理顺企业风险投融资体制，鼓励企业开发低碳技术，提高技术创新能力，促进低碳经济成为我国经济新的增长点等。现阶段我国许多城市已经开始推出适合自身的城市可持续发展政策，鼓励清洁技术开发和应用。如2007年日照城市建成区的太阳能普及率达到99%，交通路口、广场公园和小区内的路灯与草坪灯等公共照明设备都采用太阳能光伏发电技术。农村地区太阳能热水器普及率达到30%以上，有超过60万 m^2 的大棚利用太阳能集热板保温。仅太阳能一项，日照市就相当于减少了30.39万吨的二氧化碳排放量[1]。

三、城镇化和经济发展的三大挑战

"十二五"期间，城镇化仍然是我国经济发展的重要推动力，但城镇化的进一步发展也面临巨大挑战，包括如何接纳进入城市的流动人口、如何改善地方治理、如何减少环境发展成本等。

（一）如何吸纳更多农村劳动力转移

大规模农村流动人口进入城市将成为下一阶段我国城镇化发展面临的重要挑战。就我国目前城镇化发展方式来说，城市在吸纳农村劳动力转移方面还存在很多障碍。障碍之一就是户籍制度和其对应的地区公共资源分配不均衡。由于户籍制度的限制，流动人口虽然已经离开农村到城市就业，但他们还处于"半城镇化"状态，不能获得在工作所在地购买房屋安居的权利，在社保、子女就学等方面都难以享受市民待遇。

户籍制度对于人口流动限制的弊端愈来愈明显。一些学者认为户籍制度的存在，使人口从非城市部门进入城市部门的成本过高，

---

[1] World Bank. Development and Climate Change (World Development Report 2010). Washington D.C.: World Bank, 2010.

影响城市规模经济效益的实现，使得我国城市规模偏小[1]；部分学者认为户籍制度造成城乡劳动力市场分割，限制农村人口进入城市，是 1978 年以来我国城乡差距不断拉大的原因之一[2]；还有学者认为户籍制度制约国内家庭消费，尤其是农民工消费[3]。近年来，中央政府也采取措施积极推进户籍制度改革：2009 年年底的中央经济工作会议上明确提出"放宽中小城市和城镇户籍限制"；中央农村工作会议也提出"把解决符合条件的农业转移人口逐步在城镇就业落户作为推进城镇化的重要任务"；2010 年的中央 1 号文件中提出"允许有稳定职业和收入的农民工及其子女转为城镇人口，并纳入城镇社会保障、住房保障等公共服务体系"。但是这些政策主要落实在中小城市的户籍制度松绑，反映我国政府对户籍制度改革措施的实施仍较为谨慎。另外，户籍制度改革并不仅仅是鼓励劳动力跨区域和部门流动问题。事实上，20 世纪 90 年代以来我国已经存在大规模的劳动力空间流动，户籍制度的实质影响体现在其带来的社会福利和公共服务的地区差异。废除户籍制度意味着我国所有公民享受公共服务价值均等化。但是以我国现有财政收支状况来说，要做到公民公共服务均等化还面临很多挑战。

我国城市在吸纳农村人口方面的第二个障碍是城市就业岗位不足。我国投资主导的工业化增长模式对增加城市就业的作用有限。从 20 世纪 90 年代起，我国启动以城市为核心的大规模投资战略，推动城市快速增长。《中国统计年鉴 2010》数据显示，2009 年我国经济结构中，农业增加值占整个 GDP 的比重降到 10%，沿海地区的这一比例更低。但在就业结构中，以农村常住人口来计算，农业就业人员的比例在 52%。Aziz 和 Dunaway（2007 年）分析经济增长和就业关系发现很多国家 GDP 每增长 3%～4% 就会带来就业

[1] Au,C.-C., Henderson,J.V.. How migration restrictions limit agglomeration and productivity in China[J]. Journal of Development Economics，2006,80: 350-388.
[2] 蔡昉，人口和劳动绿皮书（2008）[M]. 北京：社会科学文献出版社，2008.
[3] 黄亚生. 户籍制度抑制农民工消费 [J]. 中国与全球化研究，2010 (8).

2%～3%增长，而在中国 10%的 GDP 增长仅能带来 1%的就业增长 [1]。McKinsey Global Institute（2010 年）通过对 2000～2007 年间世界各国的劳动力和投资数据的分析发现采矿业每多投资 100 万美元，平均能创造 0.1 个新的工作岗位；而在零售、批发、餐饮和酒店等服务产业上多投资 100 万美元，能创造 2.4 个新工作岗位 [2]。但是 2008 年经济危机以后，我国政府救市的主要措施还是通过政府投资来刺激经济增长和增加就业。这些措施尤其是投向中西部地区基础设施的投资短期内起到了推动经济增长的作用，但长期来说并不能有效拉动我国内需的增长。

（二）如何提高地方政府治理效率

近年来我国城镇化过程中出现了很多公共危机问题，如城管部门和摊贩的矛盾、地方政府强行拆迁、大城市房价持续上涨等。这些问题凸显了现阶段我国地方政府治理模式亟待改进。很多学者对我国城镇化和地方政府行为的研究认为改革开放后地方政府投资主导下的城镇化具有相当的不可持续性，且地方政府的弱公共服务供给能力将成为我国城镇化进一步发展的障碍。郑永年（2010 年）曾提出我国"土地的城镇化"概念 [3]：一些地方政府把农村人口集中起来，形成小城镇；一些地方鼓励农民进城买房；也有一些地方甚至要求从农村来的大学生放弃农村户口，以推进所谓的城乡统筹。这种强制性城镇化发展模式说明地方政府强调土地的城镇化而非人口的城镇化，即地方政府运用各种方式增加城市建设用地，希望通过土地价值的升值来维系地方财政支出和基础设施投资。地方政府通过政治和行政手段来推动城镇化和地方经济增长的一个重要后果就是地方政府过度依赖"土地财政"，造成我国很多大城市

[1] Aziz, J., Dunaway, S.. China's rebalancing act [J].Finance & Development (IMF)，2007, 44（3）．

[2] McKinsey Global Institute(MGI). Unleashing the Chinese consumer [R]. 2010.

[3] 郑永年．中国的强制性城市化：是人还是土地？ [N] 联合早报，2010-11-9.

房价过高 [1]。同时，行政主导的城镇化一旦投资定位不准确，极易造成土地资源浪费。在我国中西部地区，由于土地不能直接带来收益，很多政府为了吸引企业的投资以获得流转税和增加地方就业，不惜低价出售土地来招商引资 [2]，但很多项目并不成功。2010年西部某省会城市汽车项目停工就是典型案例 [3]。

另外，有的学者认为投资主导的城镇化发展模式会使地方政府忽视人力资本在城市增长中的作用。符育明（2010 年）研究指出我国过去 30 年来城镇化发展过度依赖高投资和低技能劳动力，即在公路、港口和企业等硬件上投资过多，而对人的技能提高投资不足 [4]。由于地方政府倾向于社会投资，不重视本区域公共事业，造成人力资本积累不够，影响了城市增长。珠三角地区的一些大城市目前遇到的困境就是一个很好的说明 [5]。改革开放以来珠三角地区一些城市利用自身地理和国家政策上的优势，很好地融入国际产业链，成为全球重要制造业基地和我国重要的大都市。但是，在制造业发展过程中，珠三角地区并没有成功采取措施进行人力资源的储备：一方面企业过多依赖低工资且供给量大的外来农村劳动力，失去创新和产业升级的动力；另一方面，地方政府通过行政方法拒绝给这些农村劳动力提供城市身份，使他们失去在城市享受教育和社会福利的机会，无法形成具有规模性的人力资本。经历金融危机后，这类城市在产业升级、技术创新、吸引人才等方面的竞争中落后于北京、上海等城市。

地方政府治理存在的问题和我国现行的财税政策有很大关系。为了改变财政包干制造成的财政分权化现象，重新集权化财政，我国 1994 年实施了分税制的财税改革。在分税制体系下，税种分为

---

[1] The Eoonomist. China's property market[N]. The Economist, 2010-5-27.

[2] 麦田 . 中国基层权力运作新动向 .FT 中文网 [N], 2010-1-20.

[3] 魏英杰 . 花钱买教训的空头引资不要也罢 [N]. 京华时报，2010-11-15.

[4] 符育明 . 可持续增长的路径：反思中国的城市化政策 [C]. 上海论坛主题演讲，2010.

[5] 童大焕 . 深圳反思：一个让人留不住的城市 [N]. FT 中文网，2010-11-5.

中央地方税和共享税，主要的税种都划归了中央。分税制改革在激
励地方政府发展经济的同时，也增加了中央财政收入。Jin 和 Zou
（2005 年）研究发现由于中央政府较易内化税收使用外部性，税收
收益集权化可以提高税收使用和分配效率，促进经济增长 [1]。但是，
分税制改革也有不利于经济和社会长远发展的不足之处。其中之一
就是地方政府的公共支出仍然由地方政府来承担。若地方经济比较
落后或者税收收益增长比较缓慢，这种体制容易导致地方公共服务
存在不足：一是由于税收收益大部分集权中央，地方政府的公共支
出需要依赖中央政府的划拨；而中央政府对地方的资金划拨有限，
使得一些地方政府在提供基础教育、医疗保障、失业保险和其他公
共服务方面显得力不从心 [2]。二是为了解决地方支出的困境，地方政
府急于寻找地方经济的增长点来增加财税收益。在市场体制和法制
不完全健全情况下，地方政府在行为上趋向于经济主义、短期化、
失衡化和"去地方化"。比如，地方政府将提高 GDP 增长率作为核
心工作，本地公共服务和可持续发展方面在不同程度上被忽视；一
些地方政府部门和个别官员把自身利益和地方经济增长方式紧密相
连，使地方政府被资本"俘获"，形成强大的地方利益集团；同时，
由于地方政府权力来自上级授权，享受着不受地方约束的自主性，
加上"异地任职"官员数量多，任期短，与地方社会联系较少，地
方政府的运行呈现"去地方化"，对当地社会公共服务提供关注不够，
也不受当地社会约束和制约。这些都体现了我国现行分权体制改革
存在的弊端和改革的必要性 [3]。因此，如何通过改革现有以"竞争增
长"为导向的财政体系，提高地方政府治理效率，是影响我国城镇
化进一步发展的重要因素。

[1] Jin,J., Zou, H.F.. Fiscal decentralization, revenue and expenditure assignments, and growth in China[J]. Journal of Asian Economics 2005 (16)：1047-1064.
[2] Whiting, S.H.. Central-local fiscal relations in China[R]. China Policy Series XXII (National Commitment on United States-China Relations & Renmin University of China), 2007,4.
[3] 杨雪冬. 中国地方政府"在地方化"[N]. FT 中文网之 2009 年中国年度特别报告，2009.

（三）如何减少城市发展的环境成本

由于城市人口密度高，生产和生活活动频繁，尤其是交通出行频率和强度大，城市是全球温室气体排放的主要贡献者，同时也是许多重大环境问题的受害者。降低城市发展的环境成本是我国城镇化发展的重要任务。改革开放以来，我国城市人口增长迅速。如此庞大数量的人口在城市生活，意味着能源消耗会急剧增加，意味着巨大的城市基础设施和住宅需求，也意味着环境污染等城市经济负外部性上升。因此，如何降低能源消耗、减轻环境压力和实现经济社会可持续发展，成为我国下一阶段经济发展和城镇化水平提高的重要课题。

当前我国投资主导型的城镇化环境成本很高。根据中国环境与发展国际合作委员会报告（2009），2006 年我国 GDP 占全球 GDP 的 5.5%，而能源、钢铁和水泥的消费分别占到世界同类产品消耗量的 15%、30% 和 54% [1]。这说明我国单位 GDP 能耗高于世界上很多国家。另外，我国的出口商品的能源消耗也很大。数据表明，2004 年我国出口商品消费的能源总量约占我国能源消费总量中的 25%，而进口商品所占的能源总量仅占到当年能源需求的 10%。我国出口商品中，能源的比例远远高于发达国家，2001 年美国、欧盟和日本的能源再出口比例分别为 6%、7% 和 10% [2]。如果以能源消耗换取经济增长的模式继续下去，我国城镇化的快速发展将对全球环境造成巨大压力。以碳排放为例，2009 年我国人均碳排放量是美国的 1/5，但 40% 的美国碳排放与居民居住和交通出行有关，而我国只有很小的碳排放比例来自于个人的交通和居住消费。如果保持现在的城镇化发展速度，当我国人均碳排放量达到美国目前的水平时，全球的碳排放将增加 50% [3]。

---

[1] 中国环境与发展国际合作委员会 . 中国发展低碳经济途径研究 [R].2009.

[2] International Energy. World Energy Outlook 2007: China and India Insights[R]. 2007.

[3] Zheng,S., Wang, R., Glaeser, E.L., Kahn, M.E.. The greenness of China: Household carbon dioxide emissions and urban development[J]. NBER working paper, 2010 (15612).

联合国有关报告显示，包括我国北京、上海和深圳在内的 13 个世界大城市均受大气褐云的严重影响。不利于气候、公众健康和经济发展，而温室气体效应和快速城镇化正是造成这种趋势的主要原因[1]。同时，近年来环境的恶劣变化对我国城市基础设施和城市管理施加了很大压力。2008 年 1 月我国南部地区的雪灾造成了南方城市铁路系统的瘫痪，数以百万的欲返乡过年的农民工滞留在广州等城市的火车站。2009 年下半年的西南地区严重旱情以及 2010 年海南持续的洪涝灾害也凸显了我国城市发展环境的不断恶化。这些案例都说明我国需要新的发展方式来取代过去 30 多年粗放式经济增长模式。

在"十二五"及今后一段时间里，我国将积极调整经济发展战略，除继续鼓励出口外，我国将重视内需市场并希望通过国内消费来带动下一轮的经济增长。全面推动城镇化是完成这一任务的基本途径，但是，要实现这一目标，我们仍然面临诸多挑战，尤其是吸纳农村剩余劳动力、提高地方治理效率和保护环境等。根据世界各国的发展经验，突破这些挑战的途径就是进行制度上的创新。只有在制度上促进要素的空间流动，才能增强各地区的经济互补性、提高经济发展效率和实现全民公平享有城镇化成果。

四、"十二五"期间城镇化和经济发展的政策思考

从过去 30 多年的经济发展经验来看，城市在提高劳动生产率、促进技术进步和扩大内需方面具有积极作用，因此城镇化还将是"十二五"期间和今后很长一段时间内我国经济发展的基本动力。就政策取向来说，我国城镇化的进一步发展面临城乡统筹和区域协调发展的双重压力。我国政府历来重视"三农"问题，现阶段着力推进新农村建设就是一个非常重要的举措，但是"三农"问题

---

[1] HSBC 国际气候组织 . 中国低碳领导力：城市 [R]. 2009.

最终解决还是需要让更多的农村劳动力从农业部门转向城市部门来实现，即推进工业化和城镇化。要解决中西部地区经济发展相对落后的问题，无论是给予财政性投资还是减免税收，目的都是推进这些地区的非农经济发展和城市增长，实质上也是推进这些地区工业化和城镇化。因此，鼓励中西部地区有条件的大城市发展是我国"十二五"期间城镇化发展的重要任务。

鼓励中西部有条件地区的大城市增长有利于吸纳农村劳动力人口，缓解地区差距带来的人口过度集中于东部沿海几个城市的压力，同时也可以为完全松绑不利于人口和资源流动的制度创造条件。目前学术界和政府部门都已经认识到现行户籍制度、土地制度、财税体制在经济发展和城镇化过程中的诸多弊端，但是现阶段要完全松绑这些制度还存在很多问题。以户籍制度来说，在地区经济发展差异较大的情况下，在操作层面上完全取消户籍制度可能存在以下两个问题[1]：其一，如果废除户籍制度，大批农村人口涌进城市，如何从操作上避免形成像印度、巴西等发展中国家出现的那种大城市贫民窟。其二，一旦废除户籍制度，人们可以自由选择工作和居住场所，如何使城市政府愿意给所有进城农民提供城市的最低生活保障金和退休金，同时还能避免大批人口过于集中于社会公共设施比较好的城市，如北京、上海等。以土地制度来说，城镇化推进的结果必然是越来越多的农村居民变成城市居民，大量农村土地被释放，从而实现农村土地耕种的规模经济。因此允许农村土地"流转"是城镇化政策的必然选择。但是在管理层面上，由于各级政府对土地的需求量较大，"土地流转"容易成为地方政府扩展城市建设用地的基本手段。在经济比较落后的地区，地方政府在类似于"土地流转"的政策操作上过于行政化和简单化，不能较好地协调农民和地方政府的利益关系。因此，如何给地方政府提供财税来源，促使其推动城乡公共资源分配的均等化，是我国

---

[1] 魏城. 从中国的春运谈起 [N]. FT 中文网，2007-2-12.

实施土地"流转"的基本制度环境[1]。

充分利用集聚经济尤其是推动中西部地区大城市发展是我国城镇化水平进一步提高的重要政策选择。经济理论和经验数据均表明，大城市是促进生产率提高、促进就业和技术创新以及内化集聚负外部性的最好载体。"十二五"规划建议延续我国过去30多年的城市政策，将中小城市发展作为吸纳农村劳动力的重要手段。但是我国过去30多年城市经验数据显示，从政策上过多支持中小城市发展非但不能有效吸纳当地农村居民，反而加剧了地方投资冲动，造成相当程度上的资源浪费。现阶段要通过促进要素流动等政策来鼓励中西部地区几个区域性大城市的发展。这样一方面可以缓解我国北京和上海等东部大都市人口和公共服务负担过重的问题，另一方面可以有效提高中部地区劳动生产率和吸纳当地就业，缩小地区发展差距。中西部大城市崛起还可以加强城市间的竞争，促进城市政府更加关注公共服务效率以吸引人力资本，提升自身竞争力。上述建议主要基于以下判断：

首先，在金融危机以后，出于劳动力成本上升压力，沿海制造业内迁趋势明显，为中西部大城市的发展创造了机会。中金公司的研发报告发现2008年以后内地市场对电子等行业外来投资的吸引力处于上升阶段（表3-3）。制造产业向内地迁移能够使我国中西部地区有效发挥当地劳动力成本低和农业剩余人口多的优势，推进地方工业化进程，提高当地收入水平。而且当产品不再单纯以境外发达市场需求为导向时，企业生产模式会从通过使用低工资劳动力获取加工利润的方式升级为通过创造品牌获取企业价值。同时，企业聚集有利于我国中西部地区积累人力资本和创新，促进大城市的出现。

其次，从未来城市竞争角度来看，我国中西部地区几个大城市具有很好的人力资本积累。图3-5显示了我国重点大学（"211"和

---

[1] 郑永年. 中国要进行三个领域的土地改革 [N]. 联合早报，2010. 4. 6.

"985" 工程）的地理分布 [1]。数据显示,除了北京和上海以外,武汉、西安、长沙、成都和哈尔滨等城市都是我国重点大学相对集中的区域,显示了这些城市具有现代城市增长的人才基础。现代城市竞争很大程度上是人才竞争,这些城市足够的人才储备是城市培养高精尖人才的重要铺垫。图3-6表明,武汉、西安、重庆、哈尔滨等中西部城市的三甲医院数量均位于省会城市前列,在提供公共服务方面具有良好基础。所以,中西部地方政府如果可以充分发挥自己的优势,加强城市社会公共服务供给能力,尤其是保障性住房建设方面,吸引更多年轻人才进入城市以增加人才储备,就能促进当地城市经济增长,同时还能在同北京和上海等城市的竞争中取得优势。

我国不同地区产业转移趋势分析　　　　　　表 3-3

	2008 ~ 2010 年不同地区制造业就业人数变化		
	全国	沿海地区	内陆地区
全部行业	5.2	5.3	4.9
采矿业	6.3	2.9	7.6
食品、饮料、烟草	16.6	12.8	21.0
纺织、服装、鞋帽	− 0.8	− 1.3	1.9
皮革、家具、造纸、印刷、文教体育	3.1	− 0.4	18.7
石油、医药、化学	− 12.6	9.8	− 29.5
橡胶、塑料、非金属矿物制品	11.1	7.8	17.9
金属冶炼及压延	7.3	8.0	6.1
设备制造	14.9	13.9	17.5
通信设备、计算机及其他电子设备制造	− 0.4	− 2.8	28.4
仪器仪表及文化、办公用机械制造	1.8	− 2.6	26.4
工艺品及其他制造业	− 3.3	− 5.7	9.9
电力、热力、燃气和水的生产和供应	3.0	9.4	− 1.3

注：图中数据为不同行业 2010 年 2 月份就业人数和 2008 年 2 月份就业人数的比值。
资料来源：CICC,《宏观经济报告》(2010) [2]。

[1] 从 1993 年起,为了建设一批重点学科高校,国家特批 100 所高校,对它们实施优惠的政策、待遇。国家为建设一批高水平大学,在 1998 年 5 月北京大学百年校庆之际在全国特批 34 所高校为 985 工程高校,现在 985 工程高校在二期和三期工程中又增加了 11 所,对它们实行特殊的政策、经济等多方面的特殊待遇。
[2] 中国国际金融有限公司 (CICC). 宏观经济报告 [R]. 2010-5-7.

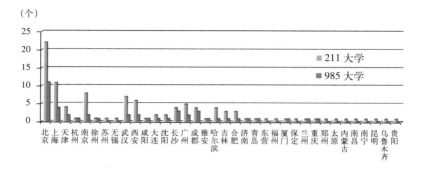

图 3-5　我国重点大学地区分布
资料来源：历年中国教育统计年鉴[1]。

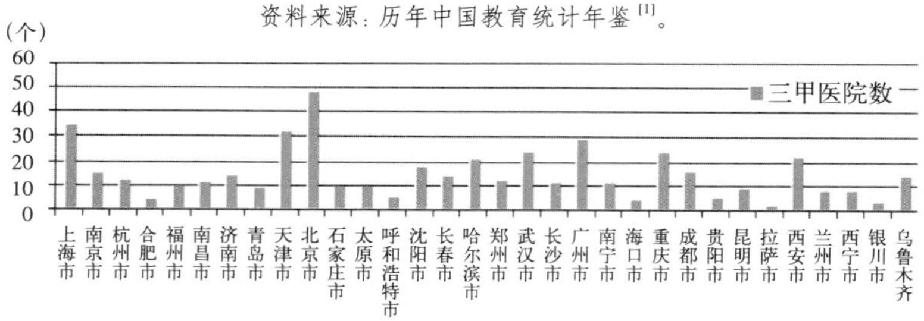

图 3-6　我国三甲医院省会城市分布
资料来源：历年中国卫生统计年鉴[2]。

---

[1] 中华人民共和国国家统计局.中国教育统计年鉴（历年）.北京：中国统计出版社。
[2] 中华人民共和国国家统计局.中国卫生统计年鉴（历年）.北京：中国统计出版社。

第四章

城镇化发展的空间演化

一、城镇化发展空间演化的基本理论

城镇作为客观存在的物质实体，它占有一定的地域空间，并与其周围地域具有广泛的社会、经济、信息联系。城镇化作为农村人口向城镇人口转化的过程，直接伴随着城镇数量增加、城镇规模扩大、地域景观改变等一系列重大空间现象。城镇化发展的空间演化，不仅表现在物质方面，还具有深刻的社会经济内涵，包括农村人口不断向城镇转移，第二、三产业不断向城镇聚集，以及农村生活方式向城市生活方式的转化，城市文明和城市意识的扩散与传播等。由于世界各国、各地区在自然条件、社会经济、交通运输等方面存在的巨大差异，城镇化发展也呈现出各不相同的空间演化格局。因此，树立有关城镇化发展的空间认识，十分必要。同时，城乡规划工作作为促进城镇化健康发展的一种技术和政策手段，也迫切需要对城镇化发展空间演化规律的理论认知。

（一）城镇化发展空间相互作用原理

1. 聚散效应

所谓聚散效应，是指城镇化发展的集聚和扩散这两个基本的空间作用原理。人类在地球表层空间的经济活动，是社会发展与自然界相互作用过程中最经常、最直接、最活跃的因素。经济和人口在空间分布上互为因果，相互依存。集聚与扩散则为经济和人口在其空间分布动态变化中所呈现的对立统一的过程。国家自然科学基金重点项目"沿海城镇密集地区经济、人口集聚与扩散的机制和调控研究"(1993 ~ 1997 年)对我国东部沿海的珠三角、长三角、京津唐、辽中南等城镇密集地区的空间集聚与扩散的机制和演进规律进行了深入研究,并探讨了因地制宜的空间结构优化模式。[1]

集聚,"集合、聚合"之意(《现代汉语词典》),表示一种个体和群体的相互作用关系,是社会经济发展的一个普遍现象。在自然界,栖息于一定地域或生境中的各种生物种群通过相互作用而有机结合为集合体,形成独特的群落现象。从经济学的角度,集聚效应是指各种产业和经济活动在空间上集中产生的经济效果以及吸引经济活动向一定地区靠近的向心力,如产业的集聚效应,最典型的例子当数美国硅谷,聚集了几十家全球 IT 巨头和数不清的中小型高科技公司;国内的例子也不少见,在浙江,诸如小家电、制鞋、制衣、制扣、打火机等行业都各自聚集在特定的地区,形成一种地区集中化的制造业布局。类似的效应也出现在其他领域,包括经济、文化、人才、交通乃至政治等。知识管理中也存在着集聚效应,并且通过这种效应,可以在某种程度上对某一组织中知识的传播和共享起到一定的控制作用。

对城镇化进程而言,集聚效应也是一个重要的基本因素。城镇与乡村的一个重要区别,即在于集聚程度的差异,城镇以非农业产业和非农业人口的大量集聚为主要的空间特征。正是由于集聚效应的存在,直接导致了城镇的形成、不断发展扩大乃至集群化发展。一方面,规模经济产生空间集中优势。这种空间集中,不是由单项活动或某一厂商的规模带来的,而是由诸多活动中的集中和彼此相互作用所构成的整体规模带来的。这个意义上的聚集经济,其最大特点在于统计特性,即大数定理的应用。另一方面,生产力要素在一定的空间范围互补。如果两种产品一起生产要比分开生产更便宜,

[1] 胡序威,周一星,顾朝林.中国沿海城镇密集地区空间集聚与扩散研究 [M].北京:科学出版社,2000.

生产这两种产品的有关要素就会被吸引到生产这些产品的地区来，并进行类似于自组织的优化组合。不仅如此，空间聚集还有助创新因素的产生。空间汇集带来了大量要素间、尤其是人与人之间的各种接触和交流，于是就容易产生新设想、新方法和新产品，因此，存在空间聚集的城市地区，往往被视为社会进步和创新的重要组成部分，现代经济发展的方式更加证明了这一点。

20 世纪 80 年代和 90 年代，我国的城市发展政策基本上沿袭计划经济时期"控制大城市规模，积极发展中小城市"的方针，而事实上，自改革开放以来我国的大城市一直处于较快的发展过程中，这似乎是一悖论。但从城镇化空间发展的角度，这又是合乎规律的现象，它深刻地反映出在城镇化发展的初期过程中人口及社会经济活动的集聚现象。在空间形态上，都市连绵区、城镇密集区的出现，包括在全球化影响下，少数"全球城市"的出现，都是不可避免的，也是控制不住的。近 10 多年来，经济、人口进一步向沿海若干地区集约式地集聚发展，也是一种不可遏制的趋势。

空间扩散是与集聚相对应的空间关联作用中的另一作用原理。从空间层面上看，在经济发达国家，宏观上产业经济活动具有向区位优势的地区与经济中心聚集的趋势，而微观上的产业经济活动则在以中心城市为核心的较大地域范围不断扩张和增殖，从而表现出扩散趋势。从时间层面上看，扩散是异质空间系统的要素聚集到一定非经济阶段时的调整现象。同样的道理可从规模经济的概念获得理解，即因规模增大带来的经济效益提高，但是规模过大可能产生信息传递速度慢且造成信息失真、管理官僚化等弊端，反而产生"规模不经济"。因此，空间聚集地区经济活动的有效运行，客观上需要一个与其运行相适应的合理密度，在这个合理密度的最佳值（或称临界点）形成之前，聚集地区经济密度的增加与经济效益的提高成正比。当聚集地区因过度聚集（过密）而出现空间聚集边际负效应时，就会产生空间扩散。

人口及社会经济活动的集聚与扩散过程相当复杂，往往在集聚过程中有扩散，在扩散过程中有集聚，其主要倾向因地因时而异，并随一定条件的变化而相互转化，而且由集聚或扩散过程所引起的空间密度、形态和结构方面的具体变化也呈现出多样化。随着社会主义市场经济的发育，资本、土地、劳动力、技术与信息等生产要素进入市场流通后，加剧了大中城市经济和人口集聚与扩散的变动。随着社会主义市场经济的发展，资金、技术、人力等生产要素的流动性加大，空间的集聚与扩散正在不同层次上加速进行，遇到了不少空间无序和失控的新问题。在对城镇化发展相关问题的认识上，迫切需要加强对经济和人口在一定地区集聚和扩散的内在动力机制、外部条件及其空间演化规律的分析和判断，为合理制定规划调控策略提供理论依据。

2. 邻近效应

邻近效应是源自物理学的一个概念，主要指当高频电流在两导体中彼此反向流动或在一个往复导体中流动时，电流会集中于导体邻近侧流动的一种特殊的物理现象。作为一种空间作用的基本原理，在其他学科也得到广泛应用。在心理学上，两个人能否成为朋友，与俩人住处的远近有很大关系，邻近性一般都会增强亲近感和相似性，越是邻近的人，其可利用度也越高，从而产生邻近效应。从空间规划的视角，邻近效应则是指在一定地域范围内空间的物质实体要素由于近邻关系而对经济增长、区域发展产生的影响效果。城市地理学、城市经济学和景观生态学都十分重视研究这种空间效应。这种影响若给邻近地区生活和生产带来实效和收益，即产生了邻近正效应。一般而言，空间邻近的物质实体要素之间配合关系愈好，相互产生的正效应就愈高。如果这种空间邻近对相邻地区的生产和生活环境总体上产生了负面影响，这就是相邻负效应。从景观生态学角度分析，区域、城市就是多种界面效应的产物。在多种界面效应作用下，各种"流"在特定地域空间内重新组合，使区域、城市地域呈现出空间结构、功能的多样化。邻近效应通常可具体分为三种类型，即互利邻近效应、互害邻近效应以及不均衡邻近效应（即一方总体受利，而另一方总体受害）。

从区域空间层次上考察，比较典型的邻近效应主要发生在不同层次的边界地区、城市边缘区和都市连绵区等异质空间系统内部，这些都是一些具有独特的空间经济活动特性的地域实体，空间结构的邻近效应十分显著。以京津冀北地区为例，当前北京明确提出世界城市的建设目标，天津提出经济中心和北方航运中心的发展目标，在此背景下，与北京、天津毗邻的环京津地区、河北沿海地区，迅速成为承接产业转移、提供配套居住和消费、强化门户功能的战略性地区，正是邻近效应的重要表现。另外，都市连绵区是现代区域空间结构高度聚合化的独特现象，它具有枢纽和孵化器两个方面的空间邻近效应。空间相互作用关系强烈地影响着区域空间格局，例如，在这种空间影响势力范围较大的都市连绵区内部，由于城乡邻近效应的作用，客观产生了一种既非城市又非农村的特殊空间结构形态——加拿大地理学家 T · G · 麦吉（T.G.McGee）称之为Desakota（国内学者将其翻译为城乡融合区、灰色区域等，desa 即乡村，kota 即城市）。

3. 传输效应

空间传输是空间结构关系作用的基本途径与方式，它泛指物质、能量由于外力作用而在两个或两个以上构成实体之间相互传递、传导的区位变化过程。在现实的空间活动中，主要表现为劳动力、资金、技术、生产单元和居所等诸要素在各中心城市与周围地区之间、中心城市之间以及各类地区之间的转移，而信息的传输正在占据愈来愈大的份额和愈来愈重要的地位。诸要素在空间传输中要受到外界环境、内部机制和中介条件三个方面的制约。一般而言，空间传输规模和频率的有效程度分别与四个方面的条件成正比关系：①中心城市之间和各类地区之间的空间邻近程度；②"异质同构"的空间构成实体间的功能互补性程度；③市场等承载空间要素传输的区域性媒介发育程度；④中心城市和各类地区的等级相邻程度。[1]

在空间活动中，一种合理的、有规则的空间传输必将产生经济增值，起到缩小区际差异、优化区域空间结构与形态等有效作用。在空间系统紧密的空间构成实体之间，往往通过空间传输使自身得到发展壮大，也可能在一定地域范围产生新的次一级空间构成实体，达到改善空间结构状况和提高空间经济效益的目的，这就是一种空间增值优化现象。因此可以认为，空间传输不仅是导致区域空间分化和城镇化发展的基本因素之一，还可能是实现区域空间整合的基本途径。以京津冀地区为例，正是由于京、津两市之间所存在的剧烈的传输效应，促进了京津走廊地区的飞速发展；京石、京沈等作为传统走廊地区，也是区域人口、经济和城镇化最发达的地区。就城镇化的一般发展而言，交通廊道对区域空间结构也具有突出的影响，譬如受发展成本制约，大多数小城镇仍然表现出对外部条件的依赖，如公路街道化、乡镇工业沿公路布局的发展格局；在大规模高铁建设的时代条件下，时空距离缩短，交通枢纽城市的地位显著提升，城镇化发展也呈现出新的空间特点，区域服务职能加速向核心城市集聚，同时推动中心城市服务职能扩散，出现新的区域中心城市和新的城镇发展空间。

4. 自组织效应

自组织是相对他组织的一个概念：如果一个系统靠外部指令而形成组织，就是他组织；如果不存在外部指令，系统按照相互默契的某种规则，各尽其责而又协调地自动形成有序结构，则是自组织。自组织现象无论在自然界还是在人类社会中都普遍存在。如飞鸟适宜飞行的形态结构，包括体形、肌肉、骨骼、翼展等，是飞鸟在长期进化过程中自行形成的一种形态结构。在区域空间的演化过程中，由于空间结构自身调节机制所带来的某种程度的守恒与封闭性，使

[1] 张京祥. 城镇群体空间组合 [M]. 南京：东南大学出版社，2000.

得结构变化得以被限制在一定的边界之内，而一旦调节机制失控或由于外部势力的干预，则可能导致原有内在转换规律的变更，并进而改变原有结构而形成新的结构，这就是自组织效应。

城镇发展经历了从无到有、从简单到复杂、从低级到高级的漫长过程，在城镇系统的演化中，有一种无形的自然力量起着支配、控制作用，它的自我组织、自发运动不为人的意志所左右。城镇化作为城镇发展和城乡关系调整的一个过程，自然也有其成长的内在机制和运行的客观规律，这就是自组织效应。当然，由于人是城镇的组成细胞，人为因素特别是决策者的政策导向，对城镇化发展也有不容忽视的影响。因此，在空间活动的历史演化序列中，空间结构同时受到决定论和机会论的影响，从某种意义上讲就是一种自然选择的过程。如在个别区位要素的初始选择上，存在很大程度的或然性，而后，在相互竞争和扩散的作用下，原有的村落、城镇或工矿基地也可能消失，而在别的区位上兴起更大的发展实体。

小结：城镇化空间发展具有特定的演化规律。在城镇化发展过程中，一方面要顺应城镇化空间发展的自然演化规律，防止过度的人为意志主导而造成城镇化发展的问题乃至灾难；另一方面，应加强城镇化空间发展的动态监测，制定科学规划调控方案，促进城镇化的健康和可持续发展。

（二）城镇化发展空间演化的影响要素

城镇化作为伴随区域经济社会发展水平提高而出现的一种城乡结构关系的变动过程，具体体现为随着非农产业的发展和区域经济中非农经济比重的提高，越来越多的人在经济特征上由农业转向非农产业，在空间上由农村转向城镇，在社会组织方式上越来越多地纳入到城市型的社会组织关系之中。在城乡结构变化上呈现为城镇人口比重不断增大，城镇数量不断增多、城镇实体地域面积不断扩大。城镇化过程中城镇建设和城镇经济发展要以区域自然条件为基础，以经济社会发展为支撑，因此要受到自然、经济、社会等多方面要素的影响。在城镇化进程中，由于各种影响因素在空间上的差异，城镇化水平、速度和具体的表现形式在空间上呈现出不同的特征。

1. 自然空间环境

首先应该认识到，城市发展和城镇化进程推进的最根本的决定因素在于生产方式和技术水平。只有当生产力水平发展到一定程度、人类对环境和资源利用的技术水平达到一定程度，产业资源的利用和城市建设与发展才能成为可能，城镇化才能得到发展。

自然空间环境是城镇发展和城镇化的自然本底，是最基本的发展条件。自然空间环境从两个方面影响城镇化。一是会影响城市的形成和发展，比如直接影响城市建设和发展的地形、工程地质条件、土地和水等关键要素条件和生态环境容量等。二是气候条件、水热组合状况、地形地貌、工程地质条件、自然资源状况等会影响城镇所在的区域的综合发展，包括人口和产业的分布，作为区域发展基础的农业的发展和区域整体发展水平的提高。前者通过影响城市自身的形成、建设和扩展，直接影响城市的容纳能力和城镇在区域发展中的作用与地位。后者通过影响区域发展条件，间接地影响城市的形成和发展。两种影响作用皆不可忽视。区域是城市的腹地，为城市发展提供各种要素支撑，并为城市产品和服务提供市场；城市是区域的中心，为区域提供各种服务。在自然空间环境支撑下，城市和区域相互依赖，共同发展，城镇化水平才能得到逐步提高。

自然环境各要素在区域之间差异显著。不同自然空间环境要素的组合状况形成了自然空间要素错综复杂的空间差异，从而使得不同地区的城镇发展和城镇化的基本条件千差万别，城镇化在空间上几乎不可能按照同样一种模式同时或者亦步亦趋地推进。按照一般的发展规律，城镇化总是从自然空间要素适宜产业发展的地区开始起步，形成区域增长极，城镇化进程首先得到推进。在自然资源条件和环境条件较好的地区得到发展以后，城镇和经济发展要素再通过梯度推进、点轴扩展、跳跃式扩展等多种形式向其他地区扩散，其他条件较好的地区城镇化水平会逐步得到提高。从这个意义上讲，一个国家或地区的城镇化在空间上一般都是从不均衡发展向均衡发展转变，进而推进全区域城镇化水平共同提高的。

2. 区域位置

城市是一个开放的复杂巨系统，需要不断与外界保持密切的经济社会联系。各种资源要素和产品的对外交流，需要在空间上展开。城镇化是一个人口和产业不断向城镇集中的过程，在城镇发展和城镇化过程中，各种生产生活要素无时无刻不处在密切的对外交流联系之中。区域的经济发展也很难在封闭的环境内进行。

在开放的背景下，任何城市和区域都要形成与外部其他地区的经济社会交流联系网络，在经济要素不断联系中获得发展机遇和发展动力。而各种经济社会要素的对外交流联系必然产生联系成本，区域位置则直接影响了各区域对外联系和区域发展过程中的成本要素。良好的区域位置会给城市和区域带来更多的发展机会和较低的发展成本，为区域带来比较优势，可以明显促进区域较快发展。

在开放条件下，便于与外部区域联系的区域，尤其是临近决定区域经济社会发展要素的地区，会获得更好的发展机会，该地区的城镇发展往往会处于领先地位，该区域的城镇化水平也往往先起步。比如，在全球化背景下，有海岸线的国家和地区，有较好的港口条件的沿海城市往往有较明显的发展优势，沿海地区往往会率先推进城镇化进程，然后向国内其他地区推进。其他地区中，交通枢纽地区、交通沿线、临近重要经济资源的地区的城市往往会成为区域增长极，这类区域的城镇化进程也往往起步较早。

3. 经济社会发展阶段

城市是生产力发展到一定阶段的产物，城镇化也是经济社会发展到一定阶段之后才得以开始的。一般认为，现代意义上的城镇化进程是工业革命之后随着机器大生产的推广带来城市迅速发展才开始的。因此，就整个城镇化的历史地位和发展背景来看，城镇化是取决于经济社会发展程度和发展水平的一种城乡结构的变动过程。

从城镇化与经济社会发展的关系来看，已有研究证明，城镇化水平与经济发展水平之间呈正相关关系，二者相互促进，共同发展。就城镇化发展的速度来看，在城镇化起步的初期，由于乡村劳动力就业压力不大，城市非农产业刚刚起步而提供的劳动就业岗位不是很多，城镇化速度较慢；在城镇化发展的中期，随着农业技术水平的提高和人均拥有资源的减少，农村富余劳动力增多，而同时期城市非农产业发展加快，吸引力加大，城镇化处于快速发展阶段；在城镇化发展的后期，随着人口从乡村转移过程的推进，农村富余劳动力减少，城市的非农产业也越来越多地依靠技术水平提高，城镇化进入缓慢的人口城乡迁移动态平衡阶段。

就经济社会发展与城镇化之间的互动关系来看，在城镇化进程的前期，城市经济发展提供就业岗位吸引人口进入城镇，更多地呈现为经济社会发展促进城镇化；后期，当城镇化进程推进到一定程度，城镇集聚了较多的人才和技术，更多地体现为城镇化带来技术创新进而推进经济社会发展。

正是因为不同经济社会发展阶段城镇化的动力机制和表现形式不同，因此，区域间发展阶段的差异会导致城镇化空间发展格局及其变动形式的多样性。

4. 市场组织关系和政府管理体制

市场组织关系和政府管理体制都会通过影响城乡经济运行而影响区域城镇化进程。

区域经济社会发展和城乡经济联系过程中，按照市场组织规律会有城乡间、区域间劳动力、资金、土地资源的空间匹配和要素流动。各种经济要素资源组合条件较好的地区城镇发展条件优越，城镇化进程也较快，而条件较差的地区则反之。在城镇化进程中，要素集聚和城镇化互动发展。大城市一旦形成，会提供较好的基础设施条件和产业发展条件，会吸引劳动力和资金向大城市等优势地区集中，形成区域增长点。当大城市或优先发展地区发展到一定程度，会进入扩散阶段，通过产业、资金和人才的扩散，带动其他地区发展。合理的市场组织会创造通畅的要素流动渠道，促进城镇化的发展。

城镇化进程中，城乡产业发展对劳动力和人口由乡村向城镇转移提出要求并提供载体，但人口的流动则涉及必要的社会保障和管理体制。同样，城乡经济发展也需要有相应的管理体制提供保障。必要的人口流动制度（户籍制度）、土地开发和流转制度、促进城镇或区域发展的政策支持、金融制度等，都会对城镇化进程的顺利推进产生影响。

总体来看，经过改革开放以来三十余年的发展，我国基本建立起了对外开放格局和社会主义市场经济体制，这为我国各地工业化和城镇化的推进提供了有利的制度保障。但与城镇化相关的户籍制度、土地制度和社会保障制度等体制改革仍在不断探索和推进过程之中。不同地区在推进城镇化和区域经济社会发展中遇到的相关问题有共性特征也有不同方面，各地为促进城乡健康发展所采取的各有侧重的改革探索在对城镇化影响方面有所不同。

小结：作为区域经济社会发展的结果和体现，城镇化进程的推进受到自然、经济、社会、技术、制度等多方面各种因素的直接或间接影响。诸多因素在空间上的不同表现会对城镇化产生综合影响，从而使得区域城镇化水平和进程在空间表现出不同的特点。

二、当前我国城镇化发展的空间特征

（一）东、中、西城镇化发展呈现多元化格局

截至 2009 年年底，全国城镇人口达 6.22 亿，城镇化水平达 46.6%。我国已经初步形成以大城市为中心，中小城市为骨干，小

城镇为基础的多层次的城镇体系，城镇分布呈现自东向西由密而疏的空间分布特征（图4-1）。东部地区特大城市和大城市较多，小城镇密集；中部地区城市分布比较均衡，中小城镇数量多；西部地区城镇人口主要集中在大中城市。从各省区的城镇化发展情况来看，东部、中部和西部的不同地区呈现出显著的梯度差异（图4-2）。

形成这种现象的根本原因，在于我国东部、中部和西部地区的自然条件存在显著的差异。我国地貌西高东低，形成三大阶梯。在我国东西差异中，最突出的是东部比较发达，西部相对欠发达，东西部社会经济的巨大差异是自然环境和社会环境叠加的结果。在东部沿海地区，上海、北京、天津、广东、浙江、江苏等经济发达省份的工业化水平相对较高，人均GDP基本超过4万元，尤其是北京、上海等城市，经济服务化的趋势日益显著，城镇化发展进入成熟期，城镇发展面临转型升级的任务。而对于中西部地区来讲，工业化任务还相当艰巨，一些地方的城镇化发展尚缺乏必要的产业支撑，存在动力不足问题。

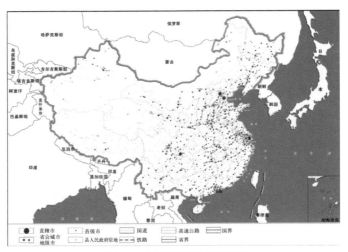

图 4-1　我国城镇分布现状图

资料来源：住房和城乡建设部城乡规划司，中国城市规划设计研究院．全国城镇体系规划（2006-2020年）[M].北京：商务印书馆，2010：23.

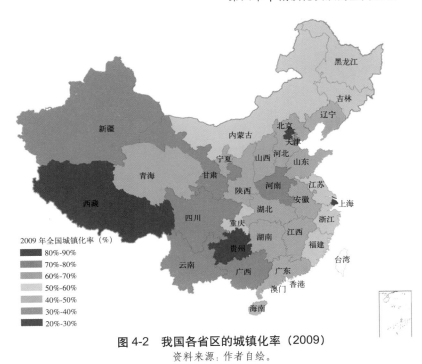

图4-2 我国各省区的城镇化率（2009）
资料来源：作者自绘。

我国东部、中部和西部地区城镇化发展的差异，不仅表现在城镇化发展水平上，同时还表现在城镇化发展所面临的问题及引导政策的差异上。对于东部地区而言，社会经济和城镇化的发展水平比较高，城镇化发展的重点是如何提高城镇化发展质量，解决快速城镇化过程中的结构性矛盾，尤其是公共服务设施、市政基础设施、交通设施、生态绿地等城镇建设欠账问题，提高社会公共服务水平和生活质量水平。对于中部地区而言，城镇化发展的重点是如何协调好耕地保护的矛盾，城镇化质量提升主要是解决农村剩余劳动力转移问题，积极提高城镇就业岗位的供给能力，同时还要加大城镇化空间载体的公共服务设施、交通、市政基础设施等建设力度，提升人均住房标准，改善人居环境。对于西部地区来说，城镇化发展与生态环境保护的矛盾较为突出，城镇化质量提升主要是解决城镇人口聚集容量问题，通过农村人口向城镇空间聚集，以提高农村人口的生活水平和质量，同时也有利于生态环境的保护与恢复。总之，显著的区域空间差异特点，决定了我国城镇化发展的多元化取向，各地区的城镇化发展绝不能照搬一个模式，必须因地制宜，探索适合自身实际的发展道路。

（二）城镇群体化发展趋势日益显现

"十一五"规划以来，全球化、工业化得到进一步的发展，随着市场化机制的初步形成，各地日益感到开拓区外市场的必要性和急迫性，自下而上的区域经济合作动力因此明显提高。在这种背景下，区域合作在更大空间范围内以不同的形式和内容展开，地区之间的经济协作在不断加强，城镇群体化发展态势日益显现。据分析，我国目前已形成长三角、珠三角、京津冀、山东半岛、辽中南、中原、长江中游、海峡西岸、川渝、关中等十大城镇群，从地区分布来看，东部 6 个、中部 3 个、西部 1 个[1]。

从内因来看，城镇的群体化发展正是城镇区域化和区域城镇化共同发展的结果。在现代社会中，由于当代城镇的区域化发展，城镇区域内各个城镇与其他城镇之间存在着各种各样的"流"，如人流（城镇居民的往来或日常流动）、物流（城镇与城镇之间的货物运输和商品交换等）、信息流（城镇之间的通讯联系和信息交换）、技术流（城镇之间的技术转移、协作和服务等）等，这些"流"的相互联系和作用，加之其与乡村空间的依赖关系，形成了城镇区域赖以存在的"共生网络"，促进城镇的群体化发展。

当然，需要注意的是，在"十一五"规划出现城镇群的概念后，地方政府纷纷提出城镇群或类似概念发展战略，并纳入地方社会经济发展规划和政府工作报告。甚至在一些人烟稀少、十分落后的地区，城镇群也成为当地经济社会发展的重要目标。然而，城镇群发

---

[1] 辜胜阻等. 均衡城镇化：大都市与中小城市协调共进 [J]. 人口研究，2010(9): 3-11.

展具有特定的发育规律和发展条件，不同国家或地区的城镇群发展也具有显著的差异性，不能不顾现实条件和基础进行盲目的模仿和照搬。地方政府对城镇群的热衷存在一定的盲目性，反映出各地缺乏对城镇群发展问题的科学认识，在"十二五"时期，需要进一步加强正确的引导，以避免随意和盲目发展带来隐患。

（三）中小城市和小城镇发展动力不足

中小城市是中国城镇体系的主体，也是吸纳城镇化人口的主体。当前中国大城市的问题非常严重，即所谓的"大城市病"。而中小城市的各种问题较小、发展空间广阔，是解决大城市问题，实现中国可持续城镇化发展的希望所在。近年来在我国城镇化发展过程中，大城市人口增长快于中小城市和小城镇。大城市、巨型城市是国家核心竞争力的主要载体，理应重视和发展。但中小城市和小城镇是国家城镇体系的"基层"。只有大中城市发达，而中小城市和小城镇萎缩衰退的城镇体系，将会是一种"畸形的"、不可持续的城镇体系。

除了具有特殊区位（如大城市周边）和特殊的发展条件之外，我国一般地区（特别是传统农区）的小城镇发展已陷入十分尴尬的处境。其原因，就小城镇本身而言，由于规模小、集聚能力有限，自身难有发展动力；在市场化的竞争中，小城镇在产业、技术、人才等方面不具备竞争力，没有发展潜力；在政府调控方面，在现有政府治理格局下，地方政府只关心本行政区域内重点城镇的建设发展，特别是在建设用地指标方面，在"逐层分解"的制度框架下，由于各级政府的权利所限，能分到县城一级城镇的建设用地指标已十分有限，到小城镇空间层次上可供发展的建设用地指标所剩无几。比较而言，县级以上城镇发展有各方面的动力（特别是行政力的推动），农村建设有国家层面的政策支持，处于两者之间的小城镇的发展状况最为尴尬，并陷入恶性循环的怪圈。一方面，小城镇难以起到承接城乡的中枢和纽带作用；另一方面，大量小城镇发展的萎缩，对于国家城镇体系空间结构的整体健康发展而言也是不利的。

（四）空间发展模式较为粗放

地方政府对城镇化的重视程度逐年提高，但更多地关注于数量（城镇化率的提高），对城镇化质量的关注明显不足。各地普遍将城镇化作为一项重要的工作来抓，但片面地强调城市规模和发展速度。一些地方领导为了加快城镇化进度，人为地推进城镇化，盲目调整行政区范围，把郊区并入城市，但城市产业并没有得到充分发展和转型。一些领导把"人口城镇化率"作为一个政府的政绩指标加以考核，为了完成城镇化人口方面的指标，纷纷将大量农民的户口转为居民户口，但这些"新居民"既享受不了国家的惠农政策，又享受不了对城镇居民的社会保障政策。部分城市扩大城市用地规模，无序拓展空间，出现了用地量大幅度增加的现象，实际上由于普遍缺乏相应比例的第二、三产业的支撑，过热的城镇化建设势必造成"有城无市,有场无市",出现"空壳城镇"的现象。一些地区进行撤县设市、撤县设区、撤乡设镇的行政建制调整，在大量乡村人口未发生职业和地域转移的情况下，在统计上"虚化"扩大了城镇的数量和城镇人口的规模，导致城镇实体地域的混乱。此外，还有一些地方政府急功近利，把城镇化作为一种出政绩的"造城"运动，以开发区和城建工程为平台，大搞各种"形象工程"，搞所谓的中央商务区和高标准的行政中心等，超越了城市现有发展水平的需要。这种重数量规模、轻质量内涵的城镇化，忽视了城市产业对城镇化的支撑作用，忽视了城市内部结构的改善，结果导致了资源的严重浪费，进一步增加了城镇化的成本。

城镇化发展更多地依赖于土地、劳动力等廉价资源的投入，发展模式粗放，效益低下的现象依然存在。我国不少地区城镇化的快速发展，在很大程度上是建立在廉价的土地、能源、劳动力和低环保要求基础上的。以珠江三角洲为例，GDP 每增加一个百分点要消耗耕地 5.08 万亩（1 亩 =666.67m^2），1990 年珠三角的耕地面积为 15388.7 km^2，1995 年减少为 11436.1 km^2，到 2002 年仅剩 9864.1 km^2，2008 年，珠三角耕地面积为 3999 km^2。目前，珠三角已经陷入用地紧张、环境容量趋于饱和的境地，区域可建设用地潜力仅占全部可建设用地的 40%，东莞、珠海和中山不到 25%。照此趋势，到 2020 年深圳、东莞、中山等城市将无地可用。从建设用地利用效率来看，我国也明显低于发达国家和地区。以 2002 年数据为例，日本东京工业区的地均产出为 50 亿元 /km^2，长三角城镇群内土地利用效率最高的上海浦东"一江三桥"开发区地均产出也只有 34 亿元 / km^2，江苏沿江地区的开发区只有 3.21 亿元 / km^2 左右，而杭州市区的开发区只有 2.73 亿元 / km^2。近几年，随着国家土地政策的收紧，我国各开发区的地均产出已有较大增长，但与发达国家相比仍有较大差距。由于前些年经济增长方式粗放所带来的土地资源过快的消耗，各地城镇化发展普遍存在着产业后备用地不足、众多国家鼓励的新型制造企业无法落地的窘境。

城镇化发展与城镇基础设施建设和生态环境治理不相协调的问题较为突出。对于大量的城镇而言，城镇基础设施建设和生态环境治理长期滞后，引起城镇缺水、少电、交通阻塞、住房紧张及环境质量下降，城镇内生活必需品的供应、文化教育、医疗卫生等公共服务设施也进一步紧张，从而降低了城镇社会的服务质量，更不能满足城镇社会经济发展的需求，城镇化的人居生活品质不高。也有些地方修了高标准的高速公路长期没有几辆车跑，修了机场没有多少飞机起降，圈了一大块地搞"七通一平"却招不来商，修了污水处理厂却长期不投入使用，造成了巨大的浪费。

（五）城乡空间发展不够统筹

我国城镇化的主要特点是大规模跨区域人口迁移型的城镇化，大量农村人口通过直接（打工、经商）或间接（上大学毕业、参军复员后留城）两种方式迁居城镇，成为城镇人口。农民工进城创造了大量财富，做出了巨大贡献，解决了一定时期的矛盾，使大量农村富余劳动力有了出路，富了城市和国家；但农民工在城市没有得到相应的权利和回报，有失社会公平，长此以往将有可能带来社会不稳定。另外，由于流入城市的农村人口大部分是青壮年，造成农村人口结构的不合理，直接影响到农业发展和农村现代化建设。因此，对流动人口较多的城市和地区来说，迫切需要提高公共服务能力水平，特别是住宅、职业教育、社会保障等方面；同时，发展农村经济，改善农村环境，提高劳动力素质，实现城乡统筹发展，这也是我国城镇化发展面临的艰巨任务。

城乡居民点建设用地状况表明，城市人均建设用地的集约程度远高于农村居民点用地。按照这一特点，随着城镇化进程的推进，建设用地将逐步走向高效、集约化的利用方式。但事实并非如此。从城市建设用地和农村居民点用地的动态变化来看，随着城镇人口的增加和乡村人口的减少，在城市建设用地增加的同时，乡村居民点建设用地并未相应减少，多数地区人均用地存在增加的状况。出现这一现象的根本原因在于，随着我国大量农村人口跨区域进城务工和居住的同时，农村宅基地并未退出或流转，普遍存在两栖占地的现象。在人口向城镇转移过程中，建设用地城进村不退现象已成为用地粗放的重要原因之一。

随着城镇化进程的加快，城中村现象越来越普遍。"城中村改造"无力解决最根本的制度性障碍，大力改造后仍"层出不穷"。我国的城中村是一种低标准、高密度聚居区，城中村的大多数居住者又是以农民工为主的低收入流动人口，各色人等混杂，治安问题和环境问题非常突出，具有脏乱差的典型特征。一方面，城中村为新增的城市下层人口提供了基本的生存环境，特别是廉价的住宅及低廉的各种社会服务；另一方面，外来流动人口大量聚居在"城中村"，"城市不像城市，农村不像农村"，建筑密度过高、建设标准偏低、基础设施和公共配套设施不足、安全隐患严重，既制约着城市面貌的改善和现代化建设的推进，也形成滋生犯罪和社会不安定因素的"温床"。经调查，绝大多数城中村村民对目前生活状况不满意，觉得面临就业和经济压力大、居住条件恶化、与外来人员关系难处理，难以参与公共事务、村务知情权无保障、精神文化生活单一、对身边党员干部不信任等问题。政府对城中村问题越来越重视，并多采取"拆除重建"的手法，推行"城中村改造"。城中村改造固然促进了城市经济的发展，改善了城市景观，但也将大量低收入人群驱逐出城市中心，并使得市区周边和郊区等更大范围上形成新的城中村。当前的城中村改造工作方法，由于无力解决最根本的制度性障碍，因此并不能从整体上彻底消除城中村现象。更重要的是，"城中村改造"也剥夺了低收入居民在原有城市中心地段生活的基本权利，不利于安定团结和和谐社会的建设。

"空心村"现象日益严重。在新农村建设的过程中，许多村庄"摊大饼"式的不断向四周扩张，而村中心却保留了大量的破旧房屋和空闲宅基地，且多半无人居住，形成越来越多的"空心村"现象。在许多村庄中，新建住宅大部分集中在外围，而村庄内部却存在大量的空闲宅基地和旧房老屋、残墙断壁，形成外实内空、外新内旧、外齐内乱的问题。"空心村"现象不仅表现在物质景观上，在人口和社会活力方面许多农村也呈"空壳"状况。大部分留守在农村的劳动力对农业缺乏感情，不想靠农业增收，他们留守在农村属于无奈的选择。随着大量劳动力外出务工，农村出现了越来越多的"空心村"，人才短缺、资金流失、土地抛荒、组织涣散现象趋于严重。"空心村"已成为农村经济社会发展的一个焦点问题。

（六）城乡风貌特色不突出

在城镇化发展过程中，存在大量的"奢华"、"躁进"、"崇洋"等不良现象，千城一面，片面追求建设规模庞大与形象新奇，忽视城市的整体协调与历史文化特色。伴随着城镇化的快速推进，"大破坏"时有发生。一方面，一些传统城市、历史地区、文物古迹、风景名胜、自然遗产、非物质遗产等因急剧的城镇化与旅游发展频遭破坏或处于毁坏的前夕。"千城一面"已经并非危言耸听。很多著名城市的景象，已经越来越难以辨认，这是当今城市建设的悲剧。面临席卷而来的西方"强势"文化，处于"弱势"的地域文化如果没有明确的发展方向和自强意识，不能自觉地保护与发展，就会丧失固有的优良传统，失去自我的创造力和竞争力，淹没在"文化趋同"的西化大潮中。

在轰轰烈烈的新农村建设中，乡村文化和特色面临危机。在城镇化发展过程中，相对于物质生活的质量低下，乡村所具有的悠久历史传统和本土气息的文化形态更是匮乏得近乎荡然无存，城市商品社会制造出来的流行文化、不切农村实际的生活方式和价值观却已经渗透到农村的每一个角落，这既体现在乡村教育的自觉追求中，也反映在青年农民的生活细节上。商品经济导致的唯利是图的价值观对乡村纯朴、富有人情味的文化因子不断侵蚀；优秀的民间文化、特别是大量非物质文化遗产濒临灭绝；而传统宗族文化中一些具有封建迷信色彩的内容却活跃起来。

小结：由于特殊的国情，我国城镇化发展具有自身的特点和问题。加强城镇化发展的空间组织引导，是促进我国城镇化健康发展的重要手段。城镇化发展的空间调控必须建立在正确认识中国国情的基础上，重点针对城镇化发展的现实问题，坚持走适合我国国情的城镇化发展道路和发展模式。

三、"十二五"我国城镇化空间发展的影响因素与趋势判断

影响城镇化进程的各种自然条件因素和经济社会因素的区域差异和不同发展阶段的不同表现形式，都会对城镇化的区域格局及其变动产生直接或间接的影响。"十二五"时期是我国转变增长方式的关键时期，也是我国城镇化水平突破50%的城乡结构转变的关键转折时期。增长方式的调整，新型城镇化的推进，城乡格局的历史性转变和区域发展规划的落实，都将对我国城镇化空间发展产生深刻的影响。

（一）资源环境基础的区域差异

1. 资源环境的基本特征

自然地理环境是区域经济社会发展和城镇化的本底条件。自然资源为经济社会和城镇发展提供必要的物质基础，自然生态环境为经济社会发展和城镇化提供基本空间。耕地资源、区域水热组合状况和区域生态环境等自然地理条件直接影响区域农业发展，在历史上长期的经济社会发展中，我国经济开发、人口分布和城乡发展的基本空间格局逐步形成。矿产资源、水资源等其他自然资源的开发对促进地方工业和城市发展具有积极的促进作用，也影响了我国不同时期的区域发展政策。作为区域各次产业发展基础的自然地理条件和自然资源条件，通过影响产业和经济社会的综合发展，对区域城镇化进程产生重要影响。我国幅员辽阔,区域地理条件迥异,地势、地形、气候、水文、土壤等自然地理条件和土地、水、矿产等各类自然资源的空间差异形成了我国经济社会和城镇发展的基础条件。

除通过对区域经济社会发展影响而影响城镇化之外，区域自然条件还对城镇建设和城镇发展具有直接的影响作用。根据地形地貌、

气候、水资源、土地利用类型等自然生态条件，按照人类居住的适宜性程度，可将我国国土地域范围由高到低划分为适宜度Ⅰ类地区、适宜度Ⅱ类地区、适宜度Ⅲ类地区。适宜度Ⅰ类地区占国土面积的19%，尽管这些地区适宜人类聚集，但是耕地也基本分布在这里。适宜度Ⅱ类地区占国土面积的29%。适宜度Ⅲ类地区约占国土面积的52%。这些地区主要分布在西部地区（爱晖—腾冲线以西），也包括东部的湿地、沿海滩涂等[1]。

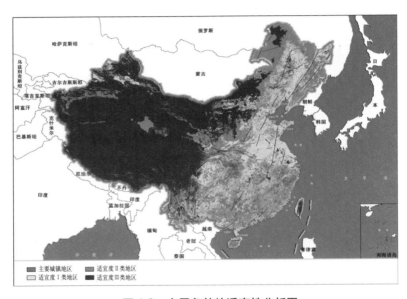

图 4-3 人居条件的适宜性分析图

资料来源：全国城镇体系规划（2006-2020 年）.

2. 城镇化发展的趋势与挑战

自工业革命以来，工业化和城镇化在全球范围内逐步展开，机器大工业生产极大地提高了生产效率，成为各国推进城镇化进程的核心推动力。同时，各类大规模、快节奏的生产活动也迅速地改变了全球资源结构和生态格局。工业化在推进经济迅速增长的过程中，

[1] 据《全国城镇体系规划（2006-2020 年）》。

也伴随着其固有问题的严重化和所带来的生态环境问题的日益凸显。近年来，针对日益严重的能源、资源危机和生态环境威胁，国际社会开始着手采取可操作性的控制措施。

中国自新中国成立以来尤其是改革开放以来的发展成就举世瞩目，同时，迅速的经济发展和快速的城镇化进程无疑也迅速地改变着中国的产业结构、城乡结构、资源利用结构和能源消耗结构，也对生态环境格局产生了不容忽视的巨大影响。与世界许多国家一样，由于在传统经济发展模式下与快速增长相伴随的资源环境成本总量的迅速上升，中国也面临着巨大的近期发展矛盾甚至远期的生存压力。

随着经济发展水平的提高和经济结构的转变，改革开放以来中国的城镇化进程保持了年均近1个百分点的提高幅度，中国的城镇化进程已经进入快速发展阶段。未来20年，中国城镇化进程的持续快速推进将成为影响中国乃至世界经济社会发展的重要事件。中国的城镇化能否切实贯彻生态化发展理念和低碳发展模式，将成为中国发展模式能否成功转型、中国发展能否对扭转全球生态格局产生积极影响的关键。

小结：资源环境等自然地理条件是城市发展和城镇化的基础性条件。在生产力水平逐步提高的过程中，随着技术水平的提高，经济社会发展和城镇建设受自然条件的约束有所弱化。但随着全球大规模工业化和城镇化的推进，经济发展和城镇化面临的资源支撑能力和环境容纳能力等方面的约束日益明显，资源环境对工业化和城镇化的影响作用加强，推进以可持续发展为基本思路的新型城镇化成为未来必然的发展趋势，资源环境条件成为影响未来城镇化空间发展的基础性因素。

（二）经济社会变化

1. 经济社会发展水平的提高

城镇化水平与经济社会发展水平呈密切的正相关关系，随着经济发展水平的稳步提高，各地区的城镇化进程将得以持续推进。"十二五"时期，我国各地区的经济将保持稳定较快的发展速度。经济发展是城镇化最主要的动因和载体，同时城镇化与区域经济发展的良性循环互动是区域健康发展的保证。在我国目前城镇化水平空间格局的基础上，未来五年随着我国各地区经济社会发展水平的提高，各地区的城镇化进程将得到不同程度的推进。

"十二五"时期经济社会发展水平的提高对我国城镇化空间格局的影响体现在两个方面。一方面，由于区位条件、资源条件、区域发展基础和发展阶段的不同，各地区经济发展的重点、总体发展速度和经济发展水平的提高程度并不一致，由此决定了"十二五"时期各地区城镇化进程的推进速度在空间上将存在差异。

另一方面，城镇化发展的一般规律表明，在不同的发展阶段，区域城镇化的发展速度是不一样的。城镇化发展过程具有典型的阶段性特征，在城镇化水平较低和较高的阶段发展较慢，在中期阶段速度较快。也就是说，即便是各地区保持相近的经济社会发展速度，但由于各地所处的发展阶段不同，城镇化的空间发展也会存在明显的差异。我国省区单元的经济发展水平和城镇化水平都存在非常明显的差异，2008 年大陆各省级行政单元中人均 GDP 最高的上海市是最低的贵州省的 9.7 倍；除 4 个直辖市外，各省区中最高的浙江省的人均 GDP 是贵州省的 5.3 倍；已有 3 个直辖市和 7 个省份的人口城镇化水平超过 50%，但也还仍有 8 个省份城镇化水平在 40%以下（表 4-1）。

由于各省区所处的城镇化发展阶段的不同和各省区发展状况的差异，现阶段我国的城镇化在全国城镇化水平保持较快发展速度的同时，已经呈现出东部省区城镇化速度趋缓、中部省份城镇化速度较快的现象（图 4-4）。与改革开放后东部地区的城镇化速度明显加快并推动全国城镇化水平较快提高的现象不同，进入新世纪以来，尤其是"十一五"以来，上海、北京、天津、广东等城镇化水平较

2008 年我国大陆各省份经济发展水平和人口城镇化水平　　表 4-1

省份	人均GDP（元）	城镇化水平（%）	省份	人均GDP（元）	城镇化水平（%）	省份	人均GDP（元）	城镇化水平（%）
上海	73124	88.60	黑龙江	21727	55.40	四川	15378	37.40
北京	63029	84.90	山西	20398	45.11	广西	14966	38.16
天津	55473	77.23	新疆	19893	39.64	江西	14781	41.36
浙江	42214	57.60	湖北	19860	45.20	安徽	14485	40.50
江苏	39622	54.30	河南	19593	36.03	西藏	13861	22.61
广东	37589	63.37	陕西	18246	42.10	云南	12587	33.00
山东	33083	47.60	重庆	18025	49.99	甘肃	12110	32.15
内蒙古	32214	51.71	宁夏	17892	44.98	贵州	8824	29.11
辽宁	31259	60.05	湖南	17521	42.15	河北	23239	41.90
福建	30123	49.90	青海	17389	40.86	全国	22698	45.68
吉林	23514	53.21	海南	17175	48.00			

注：人均 GDP 为当年价。
资料来源：中国统计年鉴 2009。

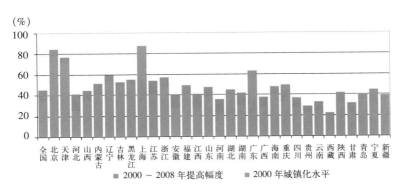

图 4-4 2000 ~ 2008 年各省区城镇化水平提高幅度
资料来源：据《中国统计年鉴 2009》有关数据绘制。

高的地区人口城镇化速度开始趋缓，而已经进入城镇化中期阶段的
中西部一些省区的城镇化速度明显加快，成为推动全国人口城镇化
水平较快提高的支撑区域。这一现象在"十二五"时期将得以保持，
这将带来我国城镇化空间格局的新变化。

2. 产业结构的变动

经济发展过程中非农产业比重的提高是区域经济发展的趋势，也是经济增长过程中的动力形式。在区域经济发展过程中，由于各次产业的增长弹性不同，产业结构的转变和优化是发展的重要内容。产业结构的变化使得不同产业提供的就业岗位发生变化，第二、三产业在空间上的集中发展和由此引起的非农就业人口的集聚促进城市规模的扩大和城市数量的增加，进而促进城镇化水平的提高。因此，产业结构的变动是城镇化最直接的动力机制。

我国总体上已经具备了较高的非农化水平。国内生产总值中第一产业增加值比重已经由改革开放初的30%左右下降到2008年的11.3%，第二、三产业在国民经济中已经占有相当高的产值比重。大陆就业人员中，非农就业比重稳步上升，1952年第一产业就业人员比重高达83.5%，1978年下降到70.5%，2000年下降到50%，2003年第一产业就业人口绝对数量开始下降，截至2008年，第一产业就业人口比重已下降到39.6%。三次产业就业人员比重的变动呈现出第一产业就业比重逐步下降的趋势，并且近年来的下降速度呈加快趋势（图4-5）。随着户籍制度改革的推进，"十二五"期间就业人员从农业转向非农产业、从农村转向城镇的趋势将得以继续保持。

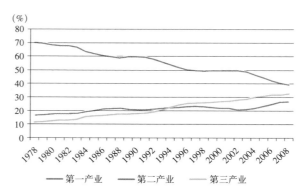

图 4-5 1978 ～ 2008 年我国三次产业从业人员结构变动

资料来源：据《中国统计年鉴 2009》有关数据绘制。

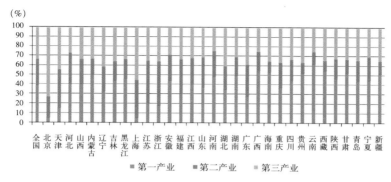

图 4-6　2008 年各省区三次产业就业结构

资料来源：据《中国统计年鉴 2009》有关数据绘制。

　　我国各省区的产业发展条件和发展差异明显，因此形成了各地区不同的三次产业就业结构。北京、天津、上海和东部一些省份的非农产业就业比重已经较高，但同时，中西部以及东北地区的很多省份的农业从业人员比重在 40% 以上（图 4-6）。这种就业的产业结构差异反映了不同地区的产业基础和城镇化基础特点，同时也反映了未来一段时期各省区在就业结构转变方面具有显著不同的发展任务和转变潜力，这种区域差异将直接影响各地的城镇化速度和城镇化水平的空间格局变动。"十二五"时期随着全国统一的劳动市场的完善和与之相匹配的就业、落户和人口转移政策的改革和完善，就业产业结构区域差异的空间格局将发生新的变化。一些农村富余劳动力依然较大的省份，通过本地或异地非农就业实现就业转移，就业产业结构的转变潜力将得到较明显的释放。

　　3. 经济增长方式的变化

　　"十五"以来，科学发展观已成为我国经济发展的指导思想，随着可持续发展思想逐步深入人心，近年来我国各地将转变经济增长方式、调整经济结构作为发展的主导思想。"十一五"时期我国在转变经济增长方式、调整经济结构、提高发展质量等方面成效显著，在维持较快发展的同时，实现节能减排目标。"十二五"时期，科学发展观将继续落实,"十一五"时期在转变增长方式和调整经济结构方面取得的成效将进一步巩固,经济增长方式的变化仍将是我国推进全面、协调、可持续发展的重要手段和结果。

在以调整产业结构和转变增长方式为主导思想促进地区经济社会发展的过程中,我国各地区由于发展的基础条件、所处的发展阶段和发展任务不同,所采取的具体发展方式将有所差别,这种发展方式的差别将对我国新的空间经济社会格局产生直接影响,进而将影响城镇化发展的空间格局。

我国沿海地区经过改革开放以来的迅速发展,已经具备了较高的发展水平和产业、技术积累,同时这些地区在新一轮发展空间上也开始面临越来越明显的土地资源、水资源等要素和劳动力成本的制约。"十一五"以来,珠三角和长三角地区的一些省份开始了明显的产业结构调整,一些投资和新建的劳动密集型产业开始向中西部地区转移,区域内部产业结构开始了新一轮的优化和提升。中部地区在遵循可持续发展理念的思路下,面对东部产业转移的机遇,则发挥本底资源和劳动力优势,开始由原来的农业产业比重较高的经济增长转向加快工业化、农业产业化和城镇化的步伐,开始有效地促进地区经济社会快速发展。这种经济增长方式背景下不同地区具体发展形式选择和发展内容的差异,将在"十二五"时期持续推进,进而会直接影响我国城镇化空间发展格局。

同时,我国新一轮发展中面临越来越紧迫的资源环境约束,将继续贯彻节能减排的发展思路,这意味着传统的工业化模式和城镇化模式都将发生变化。在新型工业化和新型城镇化模式下,各地区由于发展阶段和发展内容不同,城镇化进程将受到不同程度的影响。东部工业化程度高的一些省份,面临着优化发展的任务;中西部一些农业比重高、工业化任务仍较重的地区,则需要按照新型工业化和新型城镇化的要求,以新的模式引导地区经济社会发展和推进城镇化进程。低能耗低排放的发展方式对于发展内容不同的各地区的城镇化发展将产生不同的影响，从而会对城镇化发展的空间格局产生影响。

小结：城镇化是区域经济社会发展的结果和体现，区域经济社会发展变化对城镇化进程具有根本性的影响。经济发展水平的提高和区域经济结构的变化，都会带来城镇化进程在城乡结构比例、结构变动形式和区域空间特点等方面的变动。

（三）要素流动关系

1. 人口和劳动力流动渠道趋于通畅

人口由乡村向城镇转移是城镇化的核心内容，人口是城镇化进程中的主体。在城镇化进程中，伴随着经济社会的发展，乡村地区随着技术的发展和劳动生产率的提高，越来越多的劳动力被释放出来；城镇地区非农产业发展则提供越来越多的就业岗位，劳动力作为重要的经济要素从乡村流向城镇，城镇人口比重逐步提高，推进城镇化发展。在城乡经济逐步发展的过程中，有利于人口从乡村向城镇转移的制度环境是城镇化的必要条件。在新中国成立以来的工业化和城镇化过程中，由于不同时期的特殊背景的影响，我国采取了城乡有别的户籍制度及其相关的社会保障体系，没有形成全国统一的劳动力资源市场和顺畅的人口乡村—城镇流动渠道。改革开放以来户籍制度对人口流动的限制逐步放松，但仍然对人口从乡村到城镇的迁移和从农民向市民的转变具有重要的约束与影响。

在特定的城乡发展基础和特定的户籍制度背景下，一方面，我国农村富余劳动力数量巨大与城镇容纳能力不足之间的矛盾依然是我国城镇化进程中的主要矛盾；另一方面，由于人口和劳动力流动渠道的影响，在我国人口城镇化进程中出现了一个1.5亿～5亿户籍在农村、长期在城市就业却尚未融入城市的庞大的"半城镇化"群体。从未来发展要求来看，稳定有序地引导乡村富余劳动力进入城市是人口城镇化的核心任务；促进人口和劳动力由流动状态逐步完成迁移过程，由农民转变为市民，逐步融入城市，完成城镇化过程，是近期迫切需要解决的主要问题之一。

人口和劳动力作为经济发展的核心要素，流动迁移是市场规律的要求。只有通过合理有序的流动迁移，才能促进各种经济要素在空间上匹配，才能有效发挥要素作用、促进经济社会发展。近年来国家有关部门和有些地区在努力推动户籍改革和探索切实可行的拓展人口和劳动力流动渠道的路径。户籍制度以及与之相关的社会保障制度的不断改革完善，各地区试点工作经验的总结和推广，都会促进人口和劳动力跨区域流动、乡村—城镇流动渠道的建立。"十二五"时期这一工作将有明显推进，从而可以在全国范围内促进人口和劳动力合理流动，使得城镇化的空间格局与区域经济社会发展需要更符合，使得经济要素在城乡之间和区域之间的配置更合理。

2. 投资和产业转移的新格局

资金是经济活动中流动性强、活跃程度高的要素，并且投资的空间变动直接影响区域产业发展格局的变化，进而会对区域城镇化产生显著影响。我国改革开放前国家重点建设项目投资直接影响了各地区的非农产业发展和城镇建设，成为当时我国城镇化的主体驱动因素。改革开放以后，随着外资的进入、民间资本的日益增长，我国城镇发展的资金来源开始多元化，城镇化的多元动力机制逐步形成。外资对于珠三角、民间资本对江浙地区城镇化的影响都非常显著。随着我国市场体制的完善和改革开放格局的逐步展开，我国的投资热点地区也曾出现了在区域间推移发展的过程，这种投资热点地区的空间变化直接带来了不同地区发展速度的变化和城镇发展及城镇化水平的提高。

按照经济要素在空间上集聚与扩散的一般规律，在发展的初期，区域和城镇发展处于集聚阶段，当中心城市或核心地区经济社会发展到一定程度之后，将开始资金、技术和产业的转移和扩散。我国

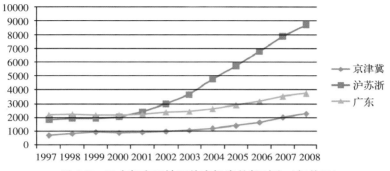

图 4-7　三大都市圈地区外商投资总额对比（亿美元）
资料来源: 中国统计年鉴 1998 ~ 2008 年。

东部地区在经历了改革开放后快速的经济和城镇发展之后，近年来已经开始出现了资金和产业转移的趋势。"十二五"时期，随着东部地区产业结构的进一步调整和优化，一些劳动密集型产业和依托中西部地区资源基础的产业，将会出现较明显的向中西部转移的现象。投资和产业的转移，将给中西部地区工业化和城镇化带来新的动力。

　　除了按照市场经济规律要求而出现的投资和产业的这种自发的跨区域流动现象之外，我国重大区域开发战略及其相应政策的实施也会带来投资和产业发展的空间变化。如新一轮西部大开发、中央新疆工作座谈会之后启动的十九个省份援疆工作的开展等，都会在"十二五"时期明显促进资金要素流动，进而会促进西部地区产业和城镇发展，并加快地区城镇化进程。

　　3. 土地资源供给

　　我国是一个人口大国和农业大国，粮食生产和耕地保护在国家安全和稳定发展中具有至关重要的地位。在我国快速工业化、快速城镇化的发展过程中，耕地资源的不断减少已经成为不容忽视的现象。国家一贯高度重视耕地保护问题，多年来一直把保护耕地作为国策之一。国务院批准的新一轮全国土地利用规划纲要明确提出了要保住 18 亿亩耕地红线，提出了严格的耕地保护措施。正在开展的全国土地利用规划和第二次土地利用详细调查工作，将进一步明确我国土地资源利用和保护格局，同时也会为全国的城镇发展和城镇化进程的推进给出明确的发展空间背景。

严格的耕地保护制度为我国农业和粮食生产提供了最基本的空间保障，同时也对不同的省份提出了发展要求。农业大省、粮食主产区的耕地保护和农业发展任务得以明确，这些地区在推进工业化和城镇化进程中要遵循耕地保护和粮食生产要求，工业和城镇发展不能与粮食生产的要求相矛盾。这种土地利用的空间安排将直接影响我国产业布局和城镇化发展的空间格局。我国的农业生产地位突出的省份，工业化和城镇化道路将有别于其他地区，即便在我国城镇化任务基本完成的阶段，这类省份的农业和乡村地区的比重仍将保持相对较高的比重。

严格的耕地保护制度为城镇发展用地提出了明确的规范性要求，同时也促使政府做好农村人口进城后农村居民点用地复垦等工作，尽快转变现阶段城镇化进程中一方面农村人口开始净减少，另一方面农村居民点建设用地仍然在增加的现象。

4. 要素流动基础设施条件逐步完善

城乡间、区域间各种经济社会要素的流动是社会主义市场经济条件下城乡发展过程中各种要素实现最佳空间匹配和发挥效益的必然过程，畅通的流动渠道和基础支撑条件是推进区域快速发展和构建高效发展的区域城乡结构体系的基本要求。作为要素流动的支撑条件，近年来我国交通等基础设施条件发展迅速。

航空、铁路和公路交通系统的不断建设和完善在我国改革开放以来的城乡和区域发展过程中起到了关键性的支撑作用。近年来，我国航空运输体系的发展完善、各地区高等级公路网的建设，尤其是"十一五"时期大力推进的高速铁路网的建设，极大地提高了区域间经济社会联系的便捷程度，改变了区域间联系的时间距离。随着"十二五"时期高速铁路网的建设和完善，将在很大程度上改变我国目前的区域空间联系格局，将明显推动路网节点城市的发展，改变这些地区中心城市—腹地的空间组织格局，有效推进城镇化的空间发展和新的城镇化空间格局的形成。

小结：要素流动是城镇化过程中城乡结构变动和空间城镇化格局变动的表现形式，也是重要的影响因素。改革开放以来逐渐活跃的各种经济要素的空间流动和高等级公路、高速铁路等要素流动基础条件的变化，将成为影响我国城镇化空间发展的重要因素。

（四）空间集聚和组织方式的变化趋势

1. 主体功能区规划

全国主体功能区规划，就是要根据不同区域的资源环境承载能力、现有开发密度和发展潜力，统筹谋划未来人口分布、经济布局、国土利用和城镇化格局，将国土空间划分为优化开发、重点开发、限制开发和禁止开发四类，确定主体功能定位，明确开发方向，控制开发强度，规范开发秩序，完善开发政策，逐步形成人口、经济、资源环境相协调的空间开发格局。

《国民经济和社会发展第十一个五年规划纲要》确定了编制全国主体功能区规划，明确主体功能区的范围、功能定位、发展方向和区域政策的任务。2006 年中央经济工作会议提出"分层次推进主体功能区规划工作，为促进区域协调发展提供科学依据"的要求，国务院于 2007 年明确提出了《关于编制全国主体功能区规划的意见》（国发〔2007〕21 号）。2010 年 6 月国务院总理温家宝主持召开国务院常务会议，审议并原则通过《全国主体功能区规划》，在国家层面将国土空间划分为优化开发、重点开发、限制开发和禁止开发四类区域，并明确了各自的范围、发展目标、发展方向和开发原则。

《全国主体功能区规划》提出，国家优化开发的城镇化地区要率先加快转变经济发展方式，着力提升经济增长质量和效益，提高自主创新能力，提升参与全球分工与竞争的层次，发挥带动全国经

济社会发展的龙头作用；国家重点开发的城镇化地区要增强产业和
要素集聚能力，加快推进城镇化和新型工业化，逐步建成区域协调
发展的重要支撑点和全国经济增长的重要增长极；东北平原、黄淮
海平原、长江流域等农业主产区要严格保护耕地，稳定粮食生产，
保障农产品供给，努力建成社会主义新农村建设示范区；青藏高原
生态屏障、黄土高原—云贵高原生态屏障、东北森林带、北方防沙带、
南方丘陵山地带和大江大河重要水系等生态系统、关系全国或较大
范围区域生态安全的国家限制开发的生态地区，要保护和修复生态
环境，提高生态产品供给能力，建设全国重要的生态功能区和人与
自然和谐相处的示范区；国家级自然保护区、风景名胜区、森林公园、
地质公园和世界文化自然遗产等1300多处国家禁止开发的生态地
区，要依法实施强制性保护，严禁各类开发活动，引导人口逐步有
序转移，实现污染物零排放。

《全国主体功能区规划》对全国的区域开发方向和空间开发格
局提出了明确要求，也为区域发展总体战略的制定、政府与市场之
间关系的处理提出了要求。这种区域发展的空间总体安排事实上明
确了我国产业和城镇发展的空间基本要求，必将对下一阶段全国城
镇化的空间发展产生直接的影响。

2. 区域发展战略的落实

我国历来重视区域发展格局的组织与分区分类指导工作。改革
开放前若干大经济区的组织协调为我国区域经济发展奠定了基础。
改革开放后东、中、西三大经济地带梯度开发政策的实施促进了全
国经济发展效益的提高和总体经济实力的迅速增强。西部大开发、
东北等老工业基地振兴和中部崛起等先后实施的区域发展战略，抓
住了不同时期发展的主要矛盾，取得了明显的经济和社会效果。

现阶段，根据新的发展观的要求，国家重新调整了区域发展的
布局，目的是促进区域经济协调发展。具体要求是：积极推进西部
大开发，有效发挥中部地区的综合优势，支持中西部地区加快改革

发展，振兴东北等老工业基地，鼓励有条件的东部地区率先基本实现现代化，逐步形成东、中、西部经济互联互动、优势互补、协调发展的新格局。总体上形成了东部率先、西部开发、中部崛起和东北振兴"四大板块"。各板块针对自身发展特点和问题、采取因地制宜和发挥比较优势的发展策略，正逐步形成新的空间发展格局。

在"十二五"期间，各大经济板块特色和优势逐步显现，发展任务和发展方向逐步明晰。东部地区以珠三角、长三角和京津唐等地区为核心，整体进入了优化发展的新阶段，产业的升级改造、城乡结构和内部城镇间关系的优化与整体发展质量及竞争力的提高将成为未来发展的核心任务；中部地区随着承接产业转移和自身发展起飞，发展速度将进一步加快；东北地区工业和城市转型发展已初见成效；新一轮西部大开发将促进西部整体发展水平逐步提高和若干核心区域的形成与崛起。

这种整体性区域发展新格局的形成和发展，是全国城镇化空间发展的背景和基础，各区域板块各具特色的发展内容与发展形式，将塑造各具特色的城镇化模式，从而构成我国整体的城镇化空间发展格局。

3. 区域规划批复和执行

近年来，在东部、中部、西部、东北四大板块格局下，为针对地方特点，顺应区域发展规律和发展要求，国家批准了多个地区的区域发展规划。区域规划总体上体现了三条推进线索，即加快重点地区发展、落实重大发展战略和围绕地区区域开拓空间。

国家近年来先后批准的区域规划有《关于进一步推进长江三角洲地区改革开放和经济社会发展的指导意见》、《珠江三角洲地区改革发展规划纲要》、《国务院关于进一步促进宁夏经济社会发展的若干意见》、《推进重庆市统筹城乡改革和发展的若干意见》、《支持福建省加快建设海峡西岸经济区建设的若干意见》、《横琴发展总体规划》、《江苏沿海地区发展规划》、《辽宁沿海经济带的发展规划》、《黄河三角洲高效生态经济区规划》、《图们江区域合作规划纲要》、《江西鄱阳湖生态经济区规划》、《国务院关于进一步促进广西经济社会发展的若干意见》和《大小兴安岭林区生态保护和经济转型规划》等一系列地区性的区域规划。

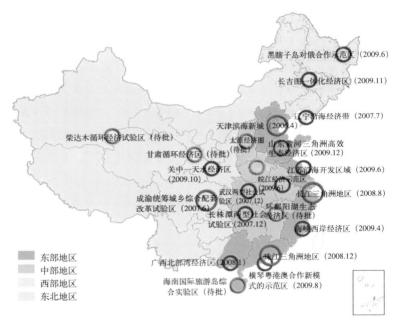

图 4-8 近年中国区域性发展规划空间位置示意图

国家加大对少数民族地区发展的支持力度。近年来，国家相继制定《关于进一步促进新疆经济社会发展的若干意见》、《关于近期支持西藏经济社会发展的意见》、《关于进一步促进宁夏经济社会发展的若干意见》和《广西北部湾经济区发展规划》，有力地促进了少数民族和民族地区经济社会发展。

这些规划的批准，为各区域的发展明确了发展方向和要求，也提供了政策支持和保障。规划的实施，一方面会促进区域产业和城镇发展，带动区域整体发展水平的提高，另一方面，也会形成新的区域增长点，有助于促进形成一批区域性中心城市，促进城镇体系功能的完善。

小结：区域发展政策和空间发展组织管理方式对区域城乡发展和区域城镇化推进具有直接影响。我国已经形成的东部、中部、西部、东北四大政策性战略区域，以功能定位为发展主导思路的主体功能区划和有地方针对性的一系列区域规划的实施，在"十二五"时期将对我国城镇化的空间发展产生明显影响。

第五章
Chapter Five

近年来推动城镇化健康发展
的经验和做法

一、加强政府间协作，促进区域协调发展

随着我国城市的影响和辐射范围的不断扩大，城市间经济和社会联系不断密切，城市和区域已经密不可分，城镇化的健康推进，已经无法离开区域的统筹和协调。近年来，各级政府加强城际沟通与协作，采取多种形式切实推进区域协调发展，探索出了许多好的经验和做法，为区域的协调发展进行了有益的尝试。

（一）完善协作机制

在长三角，区域合作历程已经走过了三个阶段。一是规划协作阶段。1982年国务院成立了上海经济区规划办公室，其职能是为中央对这一区域的经济发展做出统一规划，制订以国务院专业部委为主体的各类产业、专项规划，促进两省一市的经济横向联合。二是要素合作阶段。1992年长三角区域政府协作办（委）主任联席会议，后升级为长三角城市经济协调会，以政府为引导，以市场经济体制框架为基础，支持和鼓励企业在生产要素的人流、物流、技术流、资金流和信息流方面加快横向经济协作。这一阶段，长三角区域受惠于横向经济联合，劳动生产率大幅提高。三是制度合作阶段。本世纪初，长三角两省一市按照"优势互补、密切合作、互利互惠、共同发展"的原则，建立了沪苏浙经济合作与发展座谈会机

制。改革的重点是管理体制，创新的内容是政府间的制度合作。制度合作的重点也从经济领域扩展到基础设施、环境保护和科技创新等方面。近年来，长三角地区区域协调取得了长足进步，设立了交通、科技、环保、能源等区域发展平台和大交通体系、区域能源合作、生态环境治理、海洋、自主创新、信息资源共享、信用体系建设、旅游合作、人力资源合作等若干个专题，通过平等磋商以及制度合作方式，推动了区域合作与发展[1]。

2010年，京津冀签订了两市一省城乡规划合作框架协议，建立了三方规划联席会议制度，主要研究、协调有关区域交通、重大基础设施、生态环境保护、水资源综合开发利用、海岸线资源保护与利用等重要的跨区域城乡规划，以及影响区域发展的重大建设项目选址，协商推进区域一体化发展和规划协作的有关重大事宜，建立统一的信息库，实现资源共享。成渝建立了高层领导定期会晤机制，珠三角、闽东南分别建立了城市规划局长联席会制度和城市联盟，促进了交通基础设施对接和资源环境共同保护利用。

各地还普遍加强了"同城化"和"一体化"进程的协作。如广（州）佛（山）、厦（门）漳（州）等在构筑"无障碍"的组合城市时，郑（州）汴（开封）、沈（阳）抚（顺）、合（肥）淮（南）、西（安）咸（阳）等在推进同城化进程中，都建立了政府间的协作机制，加强基础设施、公共服务、产业合作等领域的统筹协调。广州、佛山两市党政主要领导对两地同城化建设非常重视，双方鉴定了《广州市佛山市同城化建设合作框架协议》，以"区域同城、产业融合、交通一体、设施共享、环境齐治"为目标，共同编制同城化规划，建立了区域生态资源的共同保护机制，以珠江水系为主要骨架，构建区域的绿色生态架构，实现广佛区域绿地一体化。统筹布局及建设基础设施和公共服务设施，促进基础设施一体化，形成多中心、网络化的大都市城镇空间结构。早在2005年3月，广州市规划局和佛山市规

---

[1] 抓住关键，深化长三角区域合作。转引自文汇报，2008年12月31日。

划局就共同成立了路网衔接沟通协调小组，并于 2006 年开展了广佛两市道路系统的衔接工作，落实了 55 处对接通道的线位，强化了两市 7 条轨道交通的衔接 [1]。

（二）推动产业有序转移

广东省委省政府高度重视"腾笼换鸟"、推进产业和劳动力"双转移"的工作，相继颁布了《关于我省山区及东西两翼与珠江三角洲联手推进产业转移的意见》和《关于推进产业转移和劳动力转移的决定》等文件，以政府提供补助、税收优惠、启动资金等各种方式，促进产业结构升级，实现以发达地区带动欠发达地区的区域良性互动与协调发展。2008 年，省内 14 个欠发达地市已至少有一个产业转移园，已开发面积合计约 14.98 万亩，已建成项目 826 个，已吸纳劳动力 33.98 万人，其中本地劳动力 22.13 万人，有效地促进了当地经济社会的发展。2008 年，粤东西北地区 GDP 分别增长 13%、10.2% 和 12.6%，均高于全省平均水平。珠三角地区则以先进产业转入促进传统产业转出，以增量引进带动存量调整，积极转移部分低附加值劳动密集型产业，大力构建现代产业体系，加速结构调整。2008 年，珠三角各市劳动密集型产业比重明显下降，其中深圳、佛山、珠海、东莞年降幅均超过 2 个百分点。

2002 年以来，浙江省委、省政府把实施"山海协作工程"作为加快省内欠发达地区发展、促进区域协调发展的重要抓手，加大工作举措积极予以推进。在各方积极推动下，"山海协作"的规模与质量不断提升，范围领域不断扩大，途径方法不断创新，合作成果不断显现，对加快浙江省欠发达地区跨越式发展发挥了重要作用。截至 2008 年 9 月，全省累计实施"山海协作"产业合作项目 4496 个，到位资金 874.71 亿元；累计实施"山海协作"新农村建设项目 157 个，到位资金 5357 万元；累计组织输出劳务 36 万人次；累计帮扶低收

---

[1] 广州市城市规划局，广佛同城化规划编制工作情况汇报，2009 年 9 月 3 日。

入群众增加收入 10.68 亿元；累计帮扶社会事业建设资金 1.2 亿元。"山海协作"工程的实施，不仅对省内欠发达地区经济发展、社会进步和劳动力转移等起到了重要的促进作用，使欠发达地区成为全省新的经济增长点，也推动了发达地区经济的转型升级和企业的跨区域发展，对于全省产业空间的优化布局和区域的协调发展发挥了积极作用。如衢州市与杭州、宁波两市达成了共建"山海协作"园区协议，分别在衢州高新技术园区、衢州经济开发区内划定专门区块，由双方共同出资进行土地征用、农转用报批和基础设施配套建设，专门用于承接杭州、宁波两地的转移企业，并约定了双方制定出台优惠政策、收益分成办法等具体合作协议，目前这一区块已经培育成为衢州承接杭州、宁波两地产业的重要基地[1]。

二、改善人居环境，提高生活品质

自温饱问题解决后，我国进入了全面小康社会发展新阶段。人民群众物质生活水平的不断提高，对城乡环境品质提出了新的要求。优化城市的空间品质，加强自然环境及历史文化遗产的保护，提高城市出行的便捷程度，完善城市公共空间的布局，有效地解决城市发展与生态环境之间的矛盾，是改善人居环境，提高生活品质的重要举措。我国许多地方政府在建设宜居城市、改善人居环境和保护生态环境方面进行了积极探索，积累了宝贵经验。

北京在本轮的城市总体规划（2004-2020）中确定了"国家首都、国际城市、文化名城、宜居城市"的城市发展定位，这是国内首次将"宜居城市"作为城市发展定位，也是新中国成立 56 年来第一次将居住问题纳入城市发展的核心问题。继北京之后全国又有大连、杭州、天津等 20 多个城市提出建设宜居城市，这昭示着"宜居城市"成为我国城市建设的新目标。

---

[1] 根据互联网相关资料和数据整理。

北京在生态和宜居城市的建设中，注重增强城市和区域可持续发展的能力，强调区域的整体发展。在结合自然环境承载力的基础上，定量地分析出土地最大允许承载人数，并运用生态规划的方法指导景观建筑规划、园林规划和土地利用规划等，加强自然环境及历史文化遗产的保护。

重庆以"宜居重庆"、"畅通重庆"、"森林重庆"、"平安重庆"和"健康重庆"等"五个"重庆建设为抓手，构建重庆未来发展的总体框架和目标任务。其中，"宜居重庆"建设侧重于提升居住品质、优化公共空间、完善服务设施，为人民群众提供舒适的居所，增强城市对各类人才的吸引力；"畅通重庆"建设侧重于改善交通条件，化解重庆地处西南内陆的不利因素，降低城市发展成本，提高城市营运效率，提升城市辐射带动能力；"森林重庆"建设侧重于推进城乡绿化，优化生态环境；"平安重庆"建设侧重于满足人民群众的安全需求，增强人民群众的安全感；"健康重庆"建设侧重于提高人的生存质量，让人民群众生活得更健康、更幸福、更充实、更快乐。

大连是我国较早获得"联合国人居奖"的城市之一，其具有优美的自然环境、便利的生活服务设施、畅通的交通和良好的公共安全设施，城市空间发展更突出山水特色，形成了"蓝天，碧海，青山"的特色风貌和景观格局。

杭州以江、湖、河、海、溪"五水共导"为治水理念，通过实施西湖综合保护、西溪湿地综合保护、运河综合保护、河道有机更新、钱塘江系生态保护五大系统工程，疏通城市脉络，改善城市水质，保护优化城市的自然生态和人文生态系统，有效地解决现代城市不断扩张与自然生态用地日益萎缩的城市发展矛盾，做到了人、自然、文化三者的完美结合，营造了"水清、河畅、岸绿、景美"的亲水型"宜居城市"。

长沙宜居城市的建设，主要体现在充分尊重城市历史和个性的基础上，通过规划和建设，让城市空间更合理。主要原则包括：第一，坚持全盘统筹规划。既考虑城市的美感和风格，又要考虑居住、生活的方便舒适；既要考虑城市建筑外观的大方，又要考虑建材的绿色环保。第二，注重整体风格规划。第三，强调以规划引导项目，以规划指导建设[1]。

珠三角地区把建设区域绿道作为提高生活品质的重点。2009年以来，广东明确提出要以建设区域绿道为突破口，改善城乡居住环境，提高城镇化发展质量，与港澳共建优质生活圈。截至2010年年底，广东省建成的区域绿道总长度达到2372km[2]。区域绿道不仅将原来散落的自然和生态环境保护区串联形成"绿网"，强化了保护力度和整体性，而且得到了广大市民的积极响应和参与。目前已建成的休闲健身自行车绿道，将多个旅游和生态休闲景点有机串联起来，不仅为广大市民提供了休闲、娱乐、健身的场所，也为沿途农民提供了大量就业岗位。

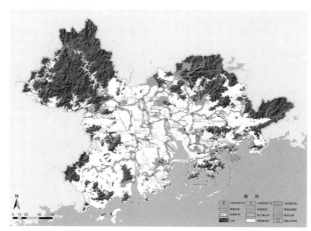

图 5-1 广东珠三角区域绿道体系

资料来源: 转引自中国城市规划设计研究院编制的《珠江三角洲城镇群协调发展规划（2004-2020)》。

---

[1] 重庆市建设委员会 . 宜居城市研究报告 [M]，2009.

[2] 方可成. 两千公里绿道网如何一年建成？为绿道开辟"绿道" [N]// 南方周末，2011-1-20.

三、实现城市有机更新，探索城市发展新模式

城市的转型发展，城市旧区的更新改造，城市公共服务体系的完善和提高，是城市发展永恒的主题。在城镇化快速推进和城市快速发展过程中，城市"大拆大建"、历史文化街区惨遭破坏的事件层出不穷，因拆迁引发的社会矛盾成为近年来城市建设领域引人瞩目的焦点。因此，如何走有机更新的可持续道路，探索城市建设和发展的新模式，是城市管理者和建设者高度重视的问题。

（一）城市旧区的改造

在市场机制作用下，城市用地结构转换和更新频繁，大量的旧居住区、旧工业区、老商业区、老码头区、历史文化街区和老仓储区等成为城市更新与建设的重点。近年来，许多城市在该方面进行了有益的实践和探索，取得了很好的效果，具有借鉴意义。

沈阳铁西区是我国著名的老工业基地，被誉为"中国的鲁尔"。自 20 世纪 90 年代起，随着国企改革的深入展开，许多大型骨干国营企业因历史包袱沉重、经营不善而陷入困境，厂房闲置、用地废弃、发展陷入萧条。在国家和地方政府的鼓励和支持下，铁西区大力推行废弃工业用地的"退二进三"，以企业的搬迁改造和技术升级为核心，强化区域整体发展动力，持续优化区域环境，改善居住条件；挖掘铁西文化，建设工业主题博物馆和工业文化遗址，使铁西区的发展重新焕发生机。2007 年铁西区被国家发展改革委员会、国务院振兴东北办公室命名为"老工业基地调整改造暨装备制造业发展示范区"。

北京 798 创意产业区也是老工业区改造的成功案例。产业区依托厂区旧有建筑，抓住首都创新创意人才优势，实现了旧建筑的改造与城市创意产业发展的有效契合。2002 年开始，一批艺术家和

文化机构开始进驻原国营 798 厂等电子工业的老厂区，成规模地租用和改造空置厂房，这里逐渐发展成为画廊、艺术中心、艺术家工作室、设计公司、餐饮酒吧等各种空间的聚合。当代艺术、建筑空间、文化产业与历史文脉及城市生活环境的有机结合，使"798"已经演化为一个文化概念。

上海以召开世博会为契机，推动了城市工业用地的综合改造、用地更新和建筑保护。世博园区内的工业遗产分三级进行保护：一是文物保护单位与优秀历史建筑，二是保留历史建筑，三是其他保留建筑。这些老建筑被用于展馆、管理办公楼、临江餐馆，博物馆等，不仅可以大幅度降低建设费用，也完成了从工业到博览业的转换。

位于上海闸北区的彭浦新村始建于 20 世纪 50 年代，是上海最早建设的大型工人新村之一。随着居住人口的不断增加，居民住房面积不足，居住条件和社区环境差的矛盾日益突出。不少房屋通风、采光条件差，年久失修，甚至存在十户居民共用一个卫生间、三四户共用一间厨房的情况，群众反映强烈。居住在彭浦新村的约 15 万人中，大多数为低收入阶层，若完全拆除重建，无论是居民家庭，还是政府或开发单位，都难以承受巨大的改造成本。

2007 年，闸北区委、区政府采取启动有机更新的模式，对彭浦新村进行整治型改造。2008 年已完成了 70 多万平方米的旧房改造，近 2400 户居民从中受益。

图 5-2　改造前后的上海彭浦新村

资料来源：赵民.我国城市旧住区渐进式更新研究——上海、深圳更新案例 [G]. 中国城市规划学会 2010 年重庆年会汇报稿.

彭浦新村的改造经验有:一是在保证合法规划和建筑质量的情况下,通过"平改坡",在四层住房上加盖一层,使户均建筑面积从 40m² 扩大到 59m²,改善了住房条件;二是增设了独立的厨房、卫生间和阳台,完善了使用功能;三是通过平整道路、增加绿化设施,美化了居住区的环境;四是居民乔迁新居后,普遍进行家庭装修装饰,购置新家电等家居用品,带动了自主消费;五是改造方案多次征求居民意见,既避免了"大拆大建"和资源浪费,又维护和保持了原有的邻里关系。

在广东,随着城镇化快速的推进,城乡区域"三旧"(旧城区、旧厂房、城中村)存在的突出问题,日益制约人居环境改善、城市面貌更新和功能布局优化。为盘活再利用不符合城市功能定位、利用效率较低的存量土地资源,拓展城市建设和发展用地空间,广东珠三角各市一直着力推进"三旧"改造工作。在广州,全市"三旧"改造工作已经形成一套行之有效的改造模式,制度建设渐趋成熟,区政府、街道办、村集体及开发企业的积极性得到充分调动。其经验主要有:一是"三旧"改造充分尊重改造范围内村民和村集体经济组织的意愿,充分保障其合法权益。基本明确了"三旧"改造的基本政策,确立了以村经济组织为改造主体的村民自主改造模式。二是"三旧"改造充分突出功能优化和产业结构升级的导向。把"三旧"整治改造的主要目标用在改善民生和环境上,通过整治改造,实现区域功能和产业结构的升级优化转型。三是"三旧"改造应充分彰显历史文化底蕴,紧紧依托历史商贸传统,突出文化内涵,体现历史人文地理的特色,在着力培育现代产业特色的同时,注重保留和弘扬自然景观和历史建筑,在"三旧"改造中积极打造一批人文特色鲜明的现代产业集聚区;四是"三旧"改造应充分体现政府主导的原则,依法、合理、有效地行使行政权,通过政府主导调动各种行政资源,把"三旧"整治改造作为改善民生、提升城市品质的关键所在 [1]。

---

[1] 广州市国土房管局城市更新改造办公室.加快城乡经济社会发展一体化,"三旧"改造工作情况. 2009-11-23.

（二）历史文化名城保护

我国许多城市拥有大量的、极其宝贵的文化遗产，它们不仅不是包袱，还是保留并创造城市特色的基点。山西的平遥古城，由于保护措施得当，其完整的历史风貌吸引着众多游人。苏州平江历史街区经过 3 年多的整治工作，留住了苏州老街巷的真实生活，保留了一个独具风韵及古风的苏州，也保留下苏州独特的城市记忆。2005 年，苏州平江历史街区保护项目获得联合国教科文组织亚太文化遗产保护荣誉奖，联合国教科文组织评委会对该区保护规划的评价是："该项目是城市复兴的一个范例，在历史风貌保护、社会结构维护、实施操作模式等方面的突出表现，证明了历史街区是可以走向永继发展的。"扬州有近 2500 年的建城历史，至今扬州古城仍然相对完整地保留了以明清城为主体的老城格局和成片的历史街区，2006 年，扬州古城保护荣获联合国最佳人居范例奖。

福建省漳州市台湾路历史街区位于唐宋古城核心区内，街区内有台湾路、香港路、始兴南北路、芳华横路、芳华北路等老街道，还有两座古牌坊及文庙等国家级文物，是漳州历史文化名城最具代表性的部分。该街区的整治避免了大拆大建，通过以下五种方式，实现了有机更新。

① 修缮：针对文物古迹，保护建筑等，采用防护加固，现状修整等措施，进行重点修复；

② 维修：针对历史建筑及其环境，不改变平面及外观特征，进行重点维修；

③ 整修：针对一般商铺建筑和民居建筑，在不改变外观特征的前提下，调整完善内部布局及设施，进行适当改建；

④ 重建：针对与历史风貌有冲突的建（构）筑物，如府埕等，对那些与历史风貌相悖的建筑进行有依据的改建、重建；

⑤ 拆除：拆除随意搭建、破坏历史风貌的建（构）筑物，

图 5-3　福建漳州市历史街区改造后的情景
资料来源：课题组自拍。

在梳理原有巷道和院落结构的基础上，增设休闲广场或公共停车场。

　　在保护历史风貌的基础上加大街区更新的力度，对原有建筑进行内部改造，配套厨卫设施及接入给排水、电力、电信、有线电视、网络等管线，使生活在历史街区的居民也能感受到现代文明的影响。对于较有保留价值的徐氏家庙、罗厝、徐厝、刘厝等带有院落空间的大宅子进行重点维修，恢复其闽南地区大家宅院的传统风貌。对于其他一般建筑的住户，出台优惠政策鼓励居民自愿异地搬迁以降低街区的人口密度，但不主张将街区内居民全部外迁，以维护历史街区原有生产生活的延续性，使街区内居民的生活方式也成为历史街区保护内容的重要组成部分[1]。

（三）综合性交通枢纽建设

　　为进一步促进长三角地区社会经济快速发展，增强上海的综合服务功能，上海市政府提出在虹桥机场西侧建设虹桥综合交通枢纽。

---

[1] 曹阳. 历史名城保护与城市建设共赢——漳州市台湾路历史街区整治保护实践探索 [J]. 福建工程学院学报，2006 年第 1 期。

上海虹桥交通综合枢纽位于上海大都市圈的中心，处于沪宁线与沪杭线的交点上，也是京沪高铁和上海市地铁 10 号线的交汇处。虹桥地区不仅是集航空、磁悬浮、高铁、城际、地铁、高速公路和市内公交于一体的复合性综合枢纽，整合了多种交通方式，而且大量的人流、物流、交通流和信息流的汇集，也给该地区进行集研发、涉外服务、总部办公、综合商务办公、物流园区、会展、居住等为一体的综合性开发提供了机遇。

预计到 2020 年，京沪高速铁路虹桥客站的客运规模为年发送量 6000 万～7000 万人次（单向，含磁悬浮），虹桥机场客运规模为年吞吐量 4000 万人次（双向），巴士客站客运规模为年到发量 1000 万人次。上海虹桥交通综合枢纽地区将建设成为面向长三角的区域商务中心，成为上海新一轮开放的门户和重大国际职能的承接地，极大地提高上海作为国际城市的功能。

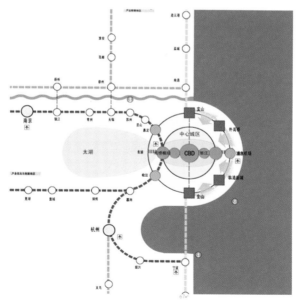

图 5-4　上海虹桥综合交通枢纽

资料来源：转引自中国城市规划设计研究院编制的《上海虹桥综合交通枢纽区域功能拓展研究》，2008 年。

四、促进城乡统筹，加强中小城市发展活力，推进新农村建设

促进城乡协调发展，是近年来各级政府高度关注的问题。我国地域广阔，经济和社会发展水平差异大，不同地区城乡统筹的内容、形式、做法必然会存在较大差异。从各地的做法来看，各地城乡统筹推进的形式和做法多样，既有成都这样注重从规划城乡全覆盖、基本公共服务均等化、土地集中整理、促进乡村发展机会等角度切入，也有像浙江嘉兴市、宁波市那样，通过小城镇建设、完善农村土地流转制度等措施，推进城乡的一体化进程；还有像河南、湖北这样的中部地区，通过增强中小城市内生发展动力，加强新农村建设等措施，改善当地群众的生产和生活条件。

（一）完善公共服务体系

在广东，全省推行了免费的外来人口登记管理 IC 系统，通过给 IC 卡持有者提供就业、就医、培训、港澳通行等相关服务，使外来人员申领 IC 卡的积极性大增，有效地提高了人口管理的水平。全省还推行了不分户籍的社会保障、医疗保险和生育保险的全覆盖，财政全额支付了 3 万名外来农民工的技能培训费用、有效地促进了经济社会的全面协调发展。

在东莞，市政府不断完善"新莞人"的管理体制机制，早在1995 年就打破了企业经济性质、用工形式和户籍的限制，将全市范围内包括市外流动人员在内的广大农民工大规模地、一视同仁地纳入全市医保体系。同时，政府还完善有关的落户程序和相关政策，积极稳定地推进户籍制度改革，吸纳就业相对稳定、居所相对固定的外来人员入户，并积极筹措资金，将近 18 万外来务工人员学龄子女纳入公办学校读书。

重庆计划在未来三年内，建设 3000 万 m^2 的公租房，解决 50 多万户中低收入群众的住房困难。公租房不分城乡、市内外差别，没有户口门槛，只要在重庆有稳定工作和收入，都可以申请租住。公租房户型面积为 35 ～ 80m^2，有厨房、卫生间等生活配套，可以保证入住公租房的中低收入阶层，享受到中档商品房的居住标准。公租房与商品房实行无差别的"混建"模式，使公租房住户完全与商品房住户有机地融合在一起，共享小区的环境和专业物业公司的管理与服务，推动社会各阶层的融合。而且，租金只有市场同类商品房租金的 60%，如果房客是低保对象，则租金仅为公租房租金的 10%，剩余的部分由政府提供补贴。

（二）加强城乡统筹

2003 年以来，成都市紧紧抓住城乡发展不协调这一主要矛盾，着力从统筹城乡发展、解决"三农"问题入手，实施了一系列重大改革，已经由"大城市"与"大农村"并存的城乡二元体系，逐步向 1 个中心城区、4 个新城、8 个县级中等城市、34 个重点镇、100 多个乡镇、3000 个左右农村聚居点构成的城乡统筹、协调发展的城镇体系转变。2010 年，全市城镇化率已达 63%，已竣工的 590 个城镇新居工程和农村新型社区、聚居点，使 52.61 万农民向水、电、视、讯、道路、绿化、教育、医疗、娱乐、沼气处理、垃圾收集等设施配套较为完善的城镇新居工程和农村社区集中居住。

为避免重复沿海经济发达地区城乡功能混杂、物质空间破碎、资源环境恶化的发展老路，成都在统筹城乡发展的过程中，高度重视城乡规划的作用。2006 年，成都开始组织编制《全域成都规划》、《市域综合交通规划》和市域其他专业专项规划，探索将全市 19 个区（市）县作为一个整体进行统一规划，形成"一区两带五楔六走廊"的全域空间格局和城镇体系的道路，由"山、水、田、林"等基本生态元素构成的绿色自然开敞空间，确定了市域的基础生态体系架构，避免了以中心城区为圆心向四周无序蔓延的现象。联合各专业部门，将产业、社会事业、基础设施、交通、资源和环境保护等领域发展规划统筹安排、一体化布局。围绕国家"转方式、调结构"的中心和主线，推进跨区县共建工业园区，进一步在全市划定13个市级战略功能区和43个区县级战略功能区，形成多中心、组团式、网络化的城乡空间格局，在保护资源环境的同时，梯度引导新型城镇化。

为建立全城统筹，覆盖城乡的公共服务设施配套体系，实现配套项目标准化、配套规模和功能标准化，成都分别提出重点镇、一般镇、农村新型社区对公共服务设施的配置要求。在中心城区，实行农村与城市社区完全接轨，以城市社区标准建设新型社区、推动农民向市民转变；以县城和中心镇为重点，按照城市社区标准建设城镇新型社区，解决征地农民和进城务工农村劳动者居住问题，推进农民向城镇居民转变；在农村地区，按照"宜聚则聚、宜散则散"的原则，因地制宜建设农民新居，促进农业生产经营专业化、标准化、规模化、集约化。

由于按照规划做好了道路、电力网、通信网、上下水管道、农贸市场、学校、市场等配套设施建设，成都有效促进了城乡公共服务硬件设施的均衡配置，实现了全市城乡居民生活用电同网同价，广播电视"村村通"、信息网络"校校通"工程，农村党支部活动中心、乡镇文化活动中心的建设，使农村的公用设施建设和环境建设得到大力推进。新型农民社区建设实现了水、电、气、路、电视、电话、网络等基础设施的全面配套，垃圾和污水的集中处理，农民的生产生活条件明显改善。

（三）增强县域内生发展动力

河南省依托中心城市、县城和部分产业基础较好的小城镇，拟规划建设200个产业集聚区，构建全省产业集聚区体系。把产业集聚区建成省内各城市的经济增长极，形成具有较强科技创新能力、现代产业集聚、循环经济全面发展的主体区域，成为城市功能完善、充分体现人与自然和谐发展的宜居宜业新城区。在产业集聚区规划的编制过程中将贯彻"四规合一"的思想，做到城市规划、土地利用规划、产业规划和环境保护规划四个规划的有机衔接，做到用地的精准重合。

河南长垣县近年来民营经济发展迅速，以"优化环境，完善功能，树立形象，发展长垣"为主旨，以总体规划为龙头，不断加大城市建设投入，特别是结合旧城改造和新城开发，吸引民营资本，进入教育、医疗等公共服务领域，形成了良好的服务竞争格局，极大地提高了长垣县公共服务水平。通过集聚优质的教育和医疗资源，长垣县城的吸引力不断增强，周边地区大量人口实现在县城的安居、乐业和生活，催生了房地产市场的迅速成熟，带动了县城整体功能和服务水平的提高，推动了乡村用地的整合，提高了全县域的集约用地水平。

（四）加强小城镇规划和建设工作

浙江宁波鄞州区在小城镇的规划和建设中，以完善基础设施配套为重点，提升了小城镇的环境面貌，创造了优美的人居环境。六项公共配套设施（综合服务中心、派出所、标准化学校、幼儿园、标准化卫生院、养老院）和七项市政设施（自来水供应系统、污水收集及处理系统、燃气设施、垃圾收运、供电系统、公交站点和消防站）为重点的基础设施配套和完善，使公共服务实现了均等化、全覆盖，将城乡统筹全面引向深入 [1]。

根据规划，鄞州区还联合相关部门协助各镇根据实际情况和发展需要，划定 $1 \sim 2km^2$ 的镇核心区块作为规划建设的重点和着落点，并在各镇的控规编制中重点研究、规划核心区块，在各乡镇展开核

---

[1] 宁波市规划局鄞州分局. 我区小城镇规划建设存在的问题及对策. 2010.

心区块城市设计或修建性详规工作，寻找小城镇的独特灵魂和品质，体现自己的地域特色与文化传统。

五、探索低碳生态发展道路，实现城市的可持续发展

自党的十七大提出建设生态文明的目标以来，生态城市的理论与实践得到了全面发展，转变增长方式，实现可持续发展已成为时代的主题。在 2009 年 12 月哥本哈根气候变化峰会上，中国承诺到 2020 年，温室气体排放量在 2005 年的基础上减少 40%～45%。如此大的减排承诺，体现了中国应对气候变化的决心，也表明中央政府推进增长方式转变的坚强意志，既有压力，更是动力。生态城市必须朝着低碳的方向发展，低碳生态城市成为践行生态文明的重要载体和基本内容。中新天津生态城总体规划和四川北川新县的重建规划，对如何构建低碳生态城市在实践上进行了探索。

（一）天津生态城总体规划 [1]

2007 年 11 月 18 日，中国与新加坡两国政府签署了《关于在中华人民共和国建设一个生态城的框架协议》，天津生态城正式动工兴建。根据协议，天津生态城的建设要充分吸收和借鉴国内外生态城市规划、建设的相关经验，结合天津的实际情况，以生态资源环境条件为前提，吸收循环经济、和谐社区、文化生态构建等方面的理念，运用节地节能节水环保、绿色交通、绿色建筑等领域的先进技术，开发循环型水资源、能源利用模式，构建我国新时期的生态文明示范地区，并为中国城市的未来发展探索出一条"能复制、能实行、能推广"的道路。

---

[1] 杨保军，董轲. 生态城市规划的理念与实践——以中新天津生态城总体规划为例 [J]. 城市规划，2008（8）.

图 5-5 天津生态城总体规划

资料来源：转引自中国城市规划设计研究院编制的《中新天津生态城规划（2008-2020)》。

1. 总体思路

天津生态城的建设宗旨是要实现人与人、人与经济活动、人与环境和谐共存，运用生态经济、生态人居、生态环境、生态文化、和谐社区、科学管理的新理念，建设"社会和谐、经济高效、生态良性循环的人类居住形式"，构建自然、城市与人融合、互惠共生的有机整体，成为可持续发展的范例。

2. 贯彻生态城市的建设原则

中新天津生态城规划从指标体系、产业选择、生态适宜性评价、生态格局优化、绿色交通、水资源和能源节约高效利用等方面体现了生态城市的建设原则：

（1）"指标体系"体现复合生态原则

以"经济蓬勃"、"环境友好"、"资源节约"、"社会和谐"作为4个分目标,提出生态保护与修复、资源节约与重复利用、社会和谐、绿色消费和低碳排放等方面的26项指标。

(2)"产业选择"体现经济生态原则

围绕"生态环保科技研发转化产业",积极开发和推广节能减排、节约替代、资源循环利用、生态修复和污染治理等先进适用技术;依托高校和科研院所建立产学研合作模式,发展生态环保教育产业,增强创新能力。

(3)"生态适宜性评价"体现生态容量原则

基于环境和土地承载力分析,结合紧凑城市、宜居城市、职住平衡等理念,规划确定生态城人均城市建设用地约60m²,大大低于一般城市的指标。

(4)优化绿色生态格局

基于区域生态网络,形成"生态核"—"生态链"—"生态廊"依次向江海"基质"衔接过渡的放射型生态格局。

(5)发展"低能耗、低污染、低占地、高效率"的"绿色交通"模式

提高公共交通和慢行交通的出行比例,减少对小汽车的依赖;尽可能地实现职住平衡,减少机动化出行需求;采用"生态社区"布局模式,植入机非分离、P&R模式、TOD模式等理念。

(6)节约高效利用水资源和能源

以节水为核心,推进水资源的优化配置和循环利用,利用人工湿地等修复水环境。主要策略包括降低能源消耗、优先发展可再生能源、促进高品质能源的使用等。

3.天津生态城的主要做法

(1)集约高效的用地布局模式

天津生态城依据步行和非机动车的出行距离,采取组团式布局;依托大运量公交系统引导土地开发,沿交通站点周围适当提高开发

强度；充分利用现有地形，综合考虑土地使用、交通组织，通过平面和竖向的合理设计，减少土方挖填，实现高效的土地使用，创造丰富的城市景观；保障生态城市中心区、滨水区等高价值区域的公共性和开放性。

（2）以人为本的绿色交通体系

与绿色交通相辅相成的是要做到职住平衡。减少机动化出行需求是实现生态城市节能减排的重要方式，而尽可能地实现职住平衡是减少出行的首要途径。规划在指标体系中要求"就业住房平衡指数≥50%"，这是规划空间布局的重要理论依据；另一个与绿色交通有关的理念是便捷的生活服务，规划要求步行300m内可到达基层社区中心，步行500m内可到达居住社区中心，80%的各类出行可在3km范围内完成。

在职住平衡和生活服务便利的基础上，规划要求内部出行中非机动方式不低于70%，公交出行方式不低于25%，小汽车方式占总出行量10%下。

为实现"以人为本"，贯彻健康环保理念，将非机动车作为最主要的交通出行方式，并将非机动车出行时的外部公共空间环境作为规划重点考虑的内容，建立了一套非机动车专用路系统，包括休闲健身道路（滨河或环湖设置，满足城市居民散步、跑步或骑车等休闲健身活动）和通勤道路（城市居民日常非机动方式出行的道路，线型相对流畅，连通性和便捷性高于机动车网络）。

（3）分级配置的生态社区模式

借鉴新加坡城建设中的社区规划理念，并与生态城规划和我国社区管理相结合，确定了符合示范要求的生态社区模式：

基层社区由约400m×400m的街廓组成，基层社区中心服务半径约200～300m，服务人口约8000人，满足社区居民就近获得日常医疗卫生、商业服务的要求；

居住社区由4个基层社区，约800m×800m的街廓组成，居住社区中心服务半径约 800m，服务人口约 3 万人，主要为居民提供日常医疗卫生、商业服务、文化体育、金融邮电、公共管理等服务；

综合片区由 4～5 个居住社区组成，结合场地灵活布局。

这种分形结构符合当前最科学的"生成整体论"的哲学思想，即每一个构成系统的局部，都包含了整体的特征，局部是整体的表现。

（4）节约优化循环的水资源利用

以节水为核心目标，推进水资源的优化配置和循环利用，构建安全、高效、和谐、健康的水系统。利用人工湿地等生态工程设施进行水环境修复，并纳入复合生态系统格局。

水资源利用的主要策略包括：①节约用水，人均生活用水指标控制在 120 升 / 人·天；②采用非常规水源，多渠道开发利用再生水，收集利用雨水和淡化海水等，使非传统水资源利用率不低于 50%；③优化用水结构，合理配置水资源，实行分质供水，提高水资源利用率；④建立水体循环系统，加强水生态修复与建设，加强地表水源涵养，建设良好的水生态环境。此外，生态城还编制了再生水利用工程规划，再生水主要用于建筑杂用（冲厕）、市政浇洒以及区内地表水系补水，剩余水量用于周边地区用水需求。

（5）低耗高效可再生的能源利用

生态城将优先发展可再生能源，形成与常规能源相互衔接、相互补充的能源利用模式，使再生能源利用率不低于 15%；促进高品质能源的使用，禁止使用非清洁煤、低质燃油等高污染燃料，减少对环境的影响。各种能源利用方式包括：

太阳能利用：利用太阳能源热水系统为居民提供生活热水，全年太阳能热水供热量占生活热水总供热量的比例不低于 60%；在技术经济条件许可的情况下，鼓励发展太阳能光伏发电；可在主要道路敷设路面太阳能收集系统，用于建筑供暖和制冷。

风能利用：可利用风电建筑一体化技术为建筑供电，远期可利用外围风力发电厂为生态城供电。

地热能利用：分散供热区内优先利用地热为建筑供热，地热占全部采暖供热量的比例不小于8%。

能源综合利用：可采用热泵回收余热，热电冷三联供以及路面太阳能利用等技术并合理耦合，实现对能源的综合利用。

（二）北川新县城的规划和建设 [1]

1. 优化布局，保护并利用场地自然山水格局

北川新县城规划布局充分考虑当地地形环境特点，在市区建立合理的生态廊道体系，将城市外围（生态腹地）凉爽、洁净的空气，引入城市内部，有效缓解城市内部的热岛效应。

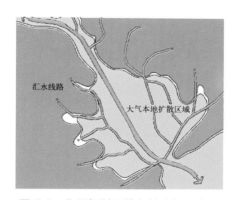

图 5-6 北川规划场地条件分析示意图

资料来源：洪昌富，李迅. 北川新县城规划的节能减排与低碳建设 [M]// 中国城市科学研究会. 中国城市规划发展报告（2009-2010）. 北京：中国建筑工业出版社，2010：191.

北川新县城绿地系统注重生态，强化乡土植物应用以及生态节能技术运用，建设低维护节约型绿地，布局结构是由山体、水系、滨河及沿路绿带共同组成的"一环两带多廊道"网络状绿地系统结构。

---

[1] 洪昌富，李迅. 北川新县城规划的节能减排与低碳建设 [M]// 中国城市科学研究会. 中国城市规划发展报告 （2009-2010）. 北京：中国建筑工业出版社，2010：189-200.

（1）一环：环城山体绿化与郊野公园环。在新县城周边的山体生态绿环为县城提供外围生态保护屏障的同时，规划三处郊野公园，分别为云盘山郊野公园、石鸭郊野公园和塔字山郊野公园。

（2）两带：安昌河生态休闲景观带和永昌河公园游憩景观带。安昌河是纵贯新县城南北的主要河流和最重要的通风廊道，规划安昌河景观带兼有生态、防护、景观、游憩休闲、运动健身功能，以绿色和生态为主要特征。永昌河是穿越新县城内部的南北向主要景观带，与城市生活联系最紧密。以纪念、休闲游憩、文化、防灾等综合功能为主的亲水公园。

（3）多廊道：多条山水生态绿廊。包括南北纵向 4 条沿水绿带和东西横向沿路绿带。其中，4 条沿水绿带廊道以休闲游憩、景观和生态通风等为主要功能。东西横向沿路绿带以休闲游憩、生态为主要功能。

2. 提高城市绿化覆盖率，增加城市碳汇

在不增加人均用地标准的前提下，提供高标准的人均城市绿化。新县城绿地面积 163.8hm^2，占城市建设用地的 22.96%，人均绿地 23.41m^2；其中公共绿地 114.31 hm^2，占城市建设用地比例为 16.01%，人均公共绿地面积 16.33m^2。城市公园绿地与居民基本生活采买就近 5 分钟可达，节省居民物业维护成本与出行成本。为降低绿化成本，采用了地方自然树种，减少草皮与大树移栽，并以自然灌溉为主。

3. 构建合理尺度、功能主导的道路交通网络

通过合理布局道路交通网络，提高居民出行的可达性，可以为居民出行带来非常大的便利，更可以减少机动车的绕行，降低机动车尾气的排放，减少能耗并确保新县城环境良好。因此北川新县城道路网络规划布局在优先满足可达性的前提下，交通网络以小宽度、小间距、高密度为基本原则，充分体现了人性化道路网络的基本理念（图 5-7）。

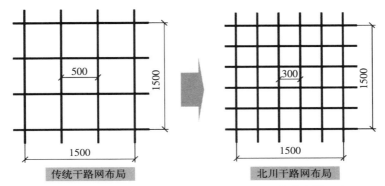

图5-7 北川道路网络规划更加强调小间距、高密度的理念

资料来源：洪昌富，李迅. 北川新县城规划的节能减排与低碳建设 [M]// 中国城市科学研究会. 中国城市规划发展报告（2009-2010）. 北京：中国建筑工业出版社，2010:195.

在上述理念的指导下，新县城道路降低道路红线宽度，从而在保证不增加道路用地的情况下，提高道路网络密度，大大提高居民出行便利程度。规划新县城核心区干路平均间距为200m，外围地区300m左右，干路红线宽度以20m为主，干路网密度高达7.2 km/km^2，远远超过规范对小城镇4～5 km/ km^2 的要求，而干支路网整体密度高达14km/km^2，高密度的道路网络是对居民交通可达性的最大保证，同时也是减少机动车出行，降低能耗的重要方面。

4. 建立充分优先的慢行交通系统

提供慢行交通的充分优先，促进慢行交通的发展既符合当地居民的生活和出行习惯，更是实现交通系统节能减排目标的重要方面。因此规划首先明确了慢行交通优先的基本原则，提出了快慢交通之间必须通过绿化隔离带进行严格分离的基本要求，以避免快慢交通之间的干扰，进而保证慢行交通安全、连续、舒适的交通环境。

在道路资源分配上，优先考虑慢行交通的需求，人行道和非机动车道占道路总面积的35%以上，机动车道占45%以下。同时在道路断面设计中，借鉴国内道路断面设计的经验和方法，采用慢行交通一体化设计方法，将自行车与步行道设置在同一个平面上，采用不同的铺装进行区别，保证了慢行交通的安全与灵活（图5-8）。在较大的交叉口设置中央行人过街安全岛，确保交叉口行人过街安全；在交叉口慢行交通通道端部设置阻车石，严格限制机动车进入慢行交通通道，避免机动车对步行和骑行环境的干扰。

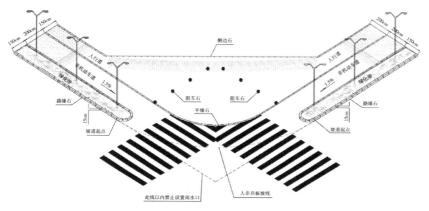

图 5-8　北川新县城慢行交通一体化设计方案

资料来源：洪昌富，李迅.北川新县城规划的节能减排与低碳建设 [M]// 中国城市科学研究会.中国城市规划发展报告（2009-2010）.北京：中国建筑工业出版社，2010：196.

　　在慢行交通系统布局上，规划建设了生活性慢行交通系统和独立慢行交通系统。生活性慢行交通系统沿干路布置，满足日常居民生活和出行需求，是常规的慢行交通通道。生活性慢行交通系统与机动车交通之间通过绿化隔离带进行隔离，保证生活性慢行交通系统的安全。在生活性慢行交通系统以外，北川规划建设了独立慢行交通系统。独立慢行交通系统严格禁止机动车进入，仅仅提供给自行车、行人、轮滑等慢行交通方式通行，是为居民提供通勤、休闲、游憩、健身的连续慢行通道，并结合地形地貌特征，绿地、公园、水系、景观的布局，从行人和自行车骑行者的角度设计道路横断面、标高等。

　　5. 合理布局，提供便捷的公共交通系统

　　公共交通是新县城对外交通、旅游交通的重要方式，提供便捷的公共交通换乘不仅有利于促进北川新县城发展，更是降低能耗，促进绿色交通发展的重要方面。本规划建设 1 处综合客运枢纽，是新县城的对外窗口，县城交通转换的枢纽与核心，主要包括长途客运功能和公交枢纽功能，同时提供针对团体游客和乘坐长途客车来北川游客的旅游集散服务和旅游信息服务功能。

公交车站位置的确定也是人性化交通的重要内容。常规的做法是将公交站设置在距离交叉口一定距离之外，这种思路有利于机动车的有序组织，但是这种模式大大增加了公交乘客的不便，乘客换乘和过街的距离大大增加。本次规划中突破了常规的思路，提出将公交车站设置在交叉口出口道，同时尽量将公交车站设置在交叉口附近的做法，保证公交乘客的最大便利（图 5-9）。

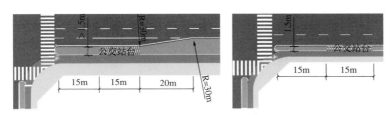

图 5-9 公交车站与交叉口的布局关系

资料来源: 转引自洪昌富，李迅. 北川新县城规划的节能减排与低碳建设 [M]// 中国城市科学研究会. 中国城市规划发展报告（2009-2010）. 北京: 中国建筑工业出版社，2010: 197.

六、完善规划的编制和管理，提高对城镇化的宏观调控能力

城乡规划是城乡建设和管理重要的法定性依据，是一定时期内区域和城乡经济与社会发展、土地利用、空间布局以及各项建设的综合部署，是落实科学发展观，实现以人为本，全面协调可持续发展的主要依据，也是国家和地方政府提高对城镇化的宏观调控能力的主要着力点。

（一）全国城镇体系规划的编制

2005 年 4 月，在住建部领导的高度重视下，全国城镇体系规

划的编制工作全面启动。该规划于 2006 年 4 月通过了专家论证，2006 年 7 月通过第 33 次城市规划部际联席会议的审查，并于 2007 年 1 月正式上报国务院。

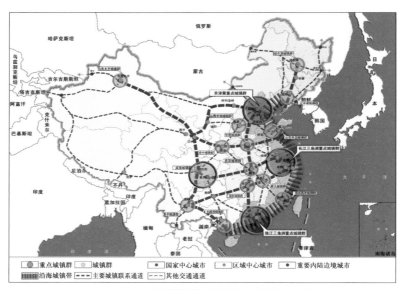

图 5-10　全国城镇体系规划（2006-2020）

资料来源:住房和城乡建设部城乡规划司等.全国城镇体系规划（2006-2020）.北京:商务印书馆，2010:45.

规划的主要技术内容包括以下五个方面。

1. 以健康城镇化为目标，提出积极稳妥的城镇化战略

研究首次提出我国虽然地域辽阔，但自然地理条件差异性大，适宜城镇建设的土地不到国土面积的 9%，首次摸清了我国人居环境建设的基础条件；研究认为未来 20 年我国人口仍然遵循由农村流向城市、由中小城市流向大中城市的基本规律，城镇群和各地区中心城市将是吸纳人口的主要空间载体；研究还认为随着我国工业化进程的推进，未来二十年我国将形成京津冀等五大城市经济区和哈大齐等十个人口—产业集聚区。

在上述人居环境条件、人口流向和产业发展的综合分析基础上，规划提出了循序渐进地推进城镇化发展的总体战略。预计未来15年我国城镇化发展速度年均增长 0.8 ~ 1 个百分点，2010 年城镇化率为 46% ~ 48%，2020 年城镇化率达到 56% ~ 58%。

2. 立足不同地区特点的多样化城镇化政策

规划从我国地域辽阔，发展不平衡的国情出发，根据各地的社会经济发展水平和资源禀赋，首次针对东部、中部、西部和东北地区分别提出不同的城镇发展政策要求，引导各地区因地制宜地确定城镇化战略和城镇发展模式。

如东部地区的城镇发展主要应提升城镇化质量，加快城镇群的发展，提高参与国际竞争的能力；引导产业和人口向大城市周边的中小城市、小城镇转移，形成网络状城镇空间体系；坚持生态环境优先发展的原则，抑制水环境恶化的趋势等。

3. 建构多元、多极、网络化的城镇空间结构

规划首次提出以城镇群为核心，以重要的中心城市为节点，以促进区域协作的主要联系通道为骨架构筑"多元、多极、网络化"的城镇空间格局。"多元"是指不同资源条件、不同发展阶段的区域，要因地制宜地制定城镇空间发展模式。"多极"是指依托不同层次的城镇群和中心城市，带动不同区域发展。"网络化"是指依托交通通道，形成中心城市之间、城乡之间紧密联系的格局。

规划确定了京津冀等三个重点城镇群以及成渝等十余个城镇群地区，以促进区域协调发展。结合建设社会主义新农村的要求，提出了村镇布局原则，引导农村人口向条件较好的重点镇、中心村集聚，提高就业能力和集约化发展水平。

4. 建立以交通为核心的城镇发展支撑体系

在综合分析全国公路网、高速公路网、铁路网、客运专线网规划的基础上，结合区域中心城市的布局提出建立全国综合交通枢纽体系，促进城市与区域交通的有机结合。确定了北京、天津、上海等9大全国综合交通枢纽城市，构筑服务全国、辐射区域的

高效交通运输网络，推行一体化的联合运输方式，增强城镇辐射带动能力。强调发挥铁路和轨道交通节能、省地的优势，促进城镇集约紧凑发展。

5. 加强对跨区域城镇发展和省域城镇体系规划的引导

通过跨行政区的城镇群规划全面落实全国城镇体系规划的调控与引导要求。住房和城乡建设部（原建设部）联合省市政府先后编制了珠江三角洲城镇群、长江三角洲城镇群、京津冀城镇群和成渝城镇群协调发展规划。这些规划重点对核心城市或都市区的功能定位，综合交通枢纽布局及区域轨道交通网规划，重大跨区域的协调内容指引，以及重大管制地区管理等方面提出了具体规划要求。

同时按照一级政府一级事权的原则，规划依据国家城镇化发展的总体战略，针对各省特点，分别对 27 个省区（港澳台除外）和 4 个直辖市提出了"省域城镇发展规划指引"，旨在落实国家城镇发展的总体目标、跨区域资源环境的保护要求以及各省区市应该重点发展的内容。

（二）深圳的法定图则制度

深圳作为我国改革开放的窗口，城市规划建设的任务相当繁重，传统的控制性详细规划在编制内容、程序、规划实施及管理等方面的弊端也率先显现，因此，深圳也比较早地认识到：要使城市规划得到有效实施，不能仅仅依靠改进规划的技术方法，更重要的是要建立系统完善的地方法规体系，建立科学、民主、规范的规划决策机制。为此，深圳参考了国外的区划法和香港推行法定图则的经验，于 1996 年年底决定逐步推行法定图则制度，试图以严格立法为基础，使规划决策与规划执行分离，实现规划的法制化管理，减少规划实施与管理的随意性。法定图则体现着"法定"的制度特征和"图则"的技术特征，具有双重属性。因此，法定图则被作为一种依据法律原则来调整和平衡社会各群体在土地和空间上利益分配的手段，在实现城市规划社会化的同时，确保规划管理的公开、公平、公正。

1. 图则覆盖大力推进

自 1998 年开展法定图则编制工作以来，图则编制由特区内向特区外有序推进，目前已基本覆盖特区内、东部滨海地区和宝安、龙岗两区重点建设地区，未来工作重点主要向宝安、龙岗两区纵深推进。同时，部分早期编制的法定图则也陆续展开修编工作。

按照市城市规划委员会的要求，深圳市需编制法定图则的区域包括规划城市建设用地及五大水源保护区等，覆盖范围 1263km²，其中规划城市建设用地约 900 km²。截至 2008 年 8 月底，已批准 79 项法定图则，覆盖范围 445 km²，其中规划城市建设用地面积 275.3 km²，占全市规划城市建设用地面积的 30.6%，并覆盖五大水源保护区，面积 160.15 km²。已批图则有 60 项位于特区内，覆盖规划城市建设用地面积 153.6 km²，占特区内规划城市建设用地面积的 70%；有 19 项位于宝安、龙岗，覆盖规划城市建设用地面积 121.7 km²，占两区规划城市建设用地面积的 17.9%。在编图则 124 项，覆盖范围 554 km²，其中规划城市建设用地面积 455.3 km²，占全市规划城市建设用地面积的 50.6%。位于宝安、龙岗的图则有 101 项，覆盖规划城市建设用地面积 398.6 km²，占两区规划城市建设用地面积的 58.6%。已批、在编图则覆盖范围约 1000 km²，其中规划城市建设用地约 730.6 km²，占全市规划城市建设用地面积的 81.2%。

2. 技术体系不断健全

为了突出法定图则的公共政策属性，形成对法定图则编制的有效指引，深圳市规划局采取了一系列措施健全法定图则技术制度，规范和指导图则制定工作，先后组织修订了《深圳市城市规划标准与准则》（以下简称《标准与准则》）、《深圳市法定图则编制标准分区》和《法定图则编制技术规定》。同时，《工业用地标准》、《物流用地标准》等配套政策的制定也对法定图则起到重要的支撑作用。

具体来说，一是在 1997 版基础上修订完成了 2004 版《标准与准则》，并在土地资源紧的约束条件下于 2007 年再次启动对重点章节的修订工作，增加土地相容性、城市更新等方面的规定，深化地下空间利用、城市设计等内容的研究，同时完善、更新各类用地和设施的规划指标。二是修订《法定图则编制技术规定》，针对实施过程中的问题，开始探索不同区位法定图则的不同编制方法。对于发展前景不明确或者政策不明朗的用地，可划定为特别管制区；独立占地的配套设施用地无需作开发强度规定，预留基础设施和公建设施的弹性，并进一步规范成果表达。三是进行标准分区的调整工作，以利于提高编制审批效率。

3. 工作机制日益规范

《法定图则编制管理规定》进一步规范了法定图则编制、审批、修改程序，明确工作流程，尝试建立规范的管理程序和动态管理机制，有力保障了法定图则的权威性与稳定性。

在组织管理方面，扩充了图则编制的技术力量，设计单位由 4 家增加至 7 家。规范了公示、公示意见处理、审批生效等相关各个环节的程序和操作方法。通过信息手段对法定图则的初步成果进行电子存档，强调每个修改必须有会议审议记录为依据，加强了全过程的监管。

4. 信息化工作逐步深入

目前在编图则有 100 多项，传统手段已无法适应图则制定、日常维护及使用要求，需要强化信息化手段，提高管理水平和工作效率。为此，深圳市规划局开发了"法定图则规划编制入库系统"软件，在新委托的 40 多项法定图则中推行应用，有效地规范了成果表达，推进了信息化工作。

总体来看，法定图则作为控制性详细规划层面的法定性规划，是承上启下的关键性编制层次，也是深圳市城市规划体系的核心。从规划层次、技术深度来看，法定图则定位于控制性详细规划阶段，其编制内容并无特殊之处。然而，法定图则又不同于一般意义上的控制性详细规划，是规划体制改革创新的重要成果，通过公众参与、严格的编制—审批—修改程序，在推动城市规划决策的民主化、法制化、规范化方面产生了深远的影响。

作为行政审批的直接依据，法定图则是深圳市城市规划管理、实施中最重要的环节；作为各项公共设施、基础设施的落实平台，是规划的公共政策属性的具体体现，在城市建设和发展中起到重要的控制、引导作用。

公众参与是法定图则制定过程中的一个重要方面，对提高法定图则质量有着非常重要的作用。十年来，通过不断探索，法定图则构筑起一套多层面、多进程、多渠道的公众规划参与模式，成为公众表达诉求的有效途径；另一方面，正由于法定图则的内容与公众日常生活密切相关，成果表达简单易懂，程序规范透明，才获得了社会广泛认可，成为公众参与度最高的规划。随着公众参与的不断深入，公示意见表达、对有关违反法定图则的信访和投诉不断增加，在促进图则的科学制定、监督图则有效实施等方面发挥了重要作用。

（三）县（市）域总规的实践与探索

图 5-11　浙江温岭市域总体规划

资料来源:转引自中国城市规划设计研究院编制的《浙江温岭市域总体规划（2006-2020）》。

县（市）域总体规划是新时期浙江省人民政府在推进城乡统筹发展方面的重要管理抓手。其目的是促进县市域中心城区、镇、村之间的一体化发展，有利于进一步优化配置城乡资源和促进产业集约发展，有利于各类基础设施和公共服务功能在空间的统筹布局。

浙江省县（市）域总体规划的特点：

一是作为城镇总体规划、专项规划的上位规划依据。县（市）域总体规划作为市、县级政府的基本规划，成为城市、镇总体规划和各类专项规划的依据。如县（市）域总体规划对市域村庄布局规划、市域历史文化保护专项规划、市域给排水专项规划、燃气专项规划、电力专项规划、环卫专项规划和消防专项规划均提出了相关指导要求。

二是规划为建设项目选址提供了直接依据。

三是县（市）域总体规划明确了各类交通线网、交通设施的具体位置、控制范围和建设时序，为交通基础设施、公共服务建设项目选址管理提供了基础。依据县（市）域总体规划的布局要求，加强对全域范围内的建设项目的选址管理，并对建设项目的选址进行公示。

四是加强空间管制与设施统筹，明确全县（市）域村庄建设的要求。规划以全县（市）域的禁建区、限建区和适建区分布为前提，制定了详细和明确的村庄发展与控制要求。同时规划认为，应按照都市区来整合乡村的公共服务设施和基础设施配套，将中心城区、中心镇的服务覆盖到绝大部分农村地区；规划首次提出农村以中心村为基本社区，配套公共交通、环境卫生、基础教育等设施。

五是与相关专业规划做到真正有效衔接，推动管理空间化。规划在编制过程中与土地、交通、教育、医疗等20多项规划，在空间上进行了协调；对交通、电力等区域性基础设施进行了整合；对已有的城镇建设和各层次园区进行了融合；对城乡重大基础设施和社会公共服务设施，提出了建设标准并进行了统筹布局。其中县（市）

域总体规划与相应层级的土地利用总体规划进行了充分衔接。"两规"衔接坚持建设用地总量不突破上级下达的控制指标；坚持优化布局、整合资源、集约利用，两规在建设用地总规模、空间布局、建设时序、基础工作和实施措施等五方面做好具体协调工作，有效地保障了各类功能和基础设施的空间落地。

第六章
Chapter Six

"十二五"城镇化目标与重大举措

一、"十二五"期间我国城镇化的任务、原则与目标

（一）"十二五"期间我国城镇化的任务

"城镇化水平是一个国家工业化、现代化的重要标志。'十二五'时期，我国城镇化率将突破50%，人们的生活方式和经济社会结构会随之发生一系列深刻变化。在这个关键时期，必须牢牢把握城镇化发展蕴含的巨大机遇，清醒地认识这一变化可能带来的各种挑战和问题，因势利导，趋利避害，推进城镇化健康发展。"[1]

"十二五"是保持经济稳定增长、着力扩大内需的关键时期。城镇化蕴含着巨大的内需空间，要发挥城镇化对扩大就业、撬动自主消费的积极作用，拓展新的发展空间，保持经济可持续发展的内生动力，促进经济平稳较快增长。

"十二五"是转变经济增长方式、实现结构调整的关键时期。要走新型城镇化道路，发挥城镇化对优化产业布局、提升城市功能的作用，推动结构调整进程。同时要实现城镇发展模式从粗放向集约的转化，不仅要探索低碳环保的发展和建设新模式，更重要的是从源头着手，破除体制机制上的障碍。

"十二五"是推动区域、城乡协调发展的关键时期。要不断落实深化国家区域总体发展战略，以区域性交通基础设施改善为契机，通过完善城镇体系，推动区域合理布局和综合开发，加强区域、城

---

[1] 李克强．调整经济结构推进城镇化 [J]．求是，2010（11）．

市和城乡之间的经济联系和分工协作，实现全面协调和共同发展。

"十二五"是维护社会稳定、建设和谐社会的关键时期。城镇化过程中要注重社会公平，改善民生，提高公共产品的服务水平和惠及面，使广大人民共享城镇化成果。

"十二五"是深化改革、制度创新的关键时期。"十二五"期间我国即将进入城市型社会，随着制约城镇化发展体制藩篱的破除，对城市就业、居住、市政基础设施和公共服务设施的隐性需求将逐步显性化，需要转变理念，创新机制，在制度建设和服务与管理的完善上做出积极的应对。

因此，"十二五"期间，要制定环环相扣的综合性城镇化政策，促进城镇化与我国人口资源环境条件相适应，与工业化和经济社会发展进程相匹配，与结构转型步伐相协调，与社会的可承受能力相符合。

(二)"十二五"期间我国城镇化发展需要遵循的基本原则

"十二五"期间应在把握城镇化普遍规律的基础上，深刻认识我国城镇化发展的阶段性和特殊性，坚持走中国特色城镇化道路，积极稳妥推进城镇化健康发展，转变城镇发展模式，增强城镇化可持续发展的动力。"十二五"期间我国城镇化发展需要遵循的基本原则是：

坚持速度与质量并重，全方位提高城镇化发展水平。要通过改善城镇人居环境，提高城市承载力和吸引力，为结构调整、拓展发展空间提供载体。

坚持城镇化与新农村建设整体推进，构建新型城乡关系。立足城镇化的大背景，统筹安排城乡规划建设和管理，切实发挥城市的辐射带动作用，形成城乡既有差异又有补充的城乡互动发展新局面。

坚持以人为本，努力改善进城务工人员待遇。把解决符合条件的农业转移人口逐步在城镇就业和落户作为推进城镇化的重要任务，支持、帮助他们从暂住到安居、从就业到乐业。

坚持区域统筹，提高中西部地区城镇发展活力。壮大县域经济，扶持民营经济和中小企业发展，支持中西部城镇基础设施建设，降低农民返乡创业和进城就业的门槛，鼓励人口就地城镇化。引导西藏、新疆和其他民族地区的城镇化健康合理发展。

坚持因地制宜，走有差异的城镇化道路。根据当地人口资源环境条件和经济社会发展水平，宜城则城，宜镇则镇，宜村则村，为形成"多元"、"多极"、"网络化"的国家城镇空间新格局奠定基础。

坚持长远结合，健全有利于城镇化发展的制度环境。为适应向城市社会转变的要求，对长期制约城镇化健康发展的制度瓶颈，要统筹安排、重点突破、分步实施，加强政策的联动性，提高决策水平。

（三）"十二五"我国城镇化的目标

1."十二五"我国城镇化的总体目标

作为一种复杂而深刻的结构调整和社会转型过程，城镇化绝不是简单的城镇数量的增加和城镇人口比重的增长，还包括城市设施、城市景观的延伸，城市设施和服务水平的提高，城市文明和生活方式的扩散等城镇化质量的提升。速度与质量是城镇化内涵的两个方面，缺一不可，速度的增加必定会对质量提出更高的要求，质量的提升需要以速度为基础。"十二五"期间，我国即将进入城市社会，随着需求的多样化和消费结构升级，城乡居民对城镇化质量提出了更高要求。城镇化发展的阶段特点和改革开放三十年积累的巨大社会财富，使我国城镇化由追求速度到质量、速度并重的发展阶段。着力提高城镇化质量，拉动自主消费，扩大内需市场，功在当前，利在长远。

积极稳妥有序推进城镇化，保持必要的增长速度，是"十二五"我国城镇化发展的基本目标。据预测，我国 15 ～ 59 岁人口将于2013 年达到峰值的 9.32 亿人，庞大的劳动年龄人口，使扩大就业和减少失业成为"十二五"和今后长期重大而艰巨的任务,所以,"十二五"期间城镇化要保持必要的增速,缓解就业压力,优化城乡结构。预计到 2015 年,我国城镇化率将达到 51%～53%,年均提高 1 个百分点左右。

着力提高城镇化质量,转变增长方式,是"十二五"我国城镇化发展的根本目标。要从单纯追求经济增长转变为经济社会人文生态综合实力的提高;从单纯追求速度转变为兼顾速度、着力提高城市发展质量;从单纯追求城市数量、规模增长转变为促进城市可持续发展;从单纯注重城市硬件建设转变为促进城市功能和服务水平全面提升;从单纯关注中心城区发展转变为注重城乡区域全面协调发展。

2."十二五"我国城镇化的指标体系

围绕"十二五"城镇化发展的总体目标,应从经济发展、社会进步、文化繁荣、资源永续利用与生态环境保护等多个方面,建立反映城镇化发展水平的综合性指标体系,要从国家(包括省级)、城市两个层面进行城镇化发展主要指标的控制和引导。

(1)国家(包括省级)层面的主要指标

经济指标。关注城市经济在国民经济中的地位和居民收入水平,应提出人均 GDP 和城乡人均收入等目标和指标。

社会人文指标。关注城乡居民就业状况,应提出失业率等目标和指标;关注城乡居民基本公共服务设施状况,应提出医保覆盖率、义务教育平均年限、居住在简易房的人口比例等目标和指标;关注城乡居民贫富差距,应提出基尼系数等目标和指标。

环境指标。关注城镇环境质量,应提出自来水普及率、生活垃圾无害化处理率、污水处理率等目标和指标。

(2)城市层面的主要指标

经济发展。反映城乡经济发展状况,应提出人均 GDP、人均地方财政收入和城市人均可支配收入等目标和指标。

设施建设。反映城镇基础设施建设状况，应提出人均住房使用面积、建成区道路网密度、万人拥有医疗床位数、供水普及率、用电保证率、燃气普及率等目标和指标。

社会进步。关注社会发展情况，应提出恩格尔系数、高中阶段毛入学率、社会保障覆盖率、城镇失业率等目标和指标。

生活方式转变。关注城乡居民生活方式转变，应提出城镇公交出行率、万人拥有在校大学生数、百人拥有公共图书馆藏书量、万人国际互联网用户数等目标和指标。

人居环境改善。关注城市环境质量，应提出建成区绿化覆盖率、工业废水排放达标率、环境噪声达标区覆盖率、生活垃圾无害化处理率、污水处理率、空气质量达标天数等目标和指标。

发展效益提升。关注城镇发展质量和效益，应提出第三产业增加值占 GDP 的比重、单位工业用地增加值、单位 GDP 能耗、单位 GDP 耗水量、单位 GDP 的 CO_2 排放量、中水回用量等目标和指标。

城乡协调发展。关注城乡协调发展，应提出城乡居民收入差距系数、城乡居民恩格尔系数差异系数、新型农村合作医疗参合率等目标和指标。

3. 城乡建设方面的具体指标

城镇市政公用设施建设固定资产投资占 GDP 的比重保持在 4% 左右。

城市供水普及率达到 96%，供水管网更新改造规模 8 万 km。

城市污水处理率达到 85% 以上，县城 90% 建成污水处理设施，大力发展雨污分流排水系统，污水配套管网建设规模 20 万 km。

36 个重点城市污泥无害化处理率达到 90%，其他设市城市达到 75%，县城达到 50%。

节水型城市占城市数量的 40% 以上。供水管网平均漏损率不超过 12%。

全国达到再生水水质标准的城镇污水处理厂排放出水综合利用

率平均达到 20%以上，北方地区缺水城市再生水利用率达到污水处理量的 35%以上。

城市燃气普及率达到 93%。

城市生活垃圾无害化处理率达到 80%。36 个大城市无害化处理率达到 95%以上，每个县城建有生活垃圾无害化处理设施。

国家级风景名胜区总体规划完成审批覆盖面超过 90%，监管信息系统建设覆盖面达到 100%。

太湖流域 4460 个自然村全部建立污水处理工程；巢湖流域一级保护区镇村布局规划确定的农村居民点生活污水处理率不低于 20%，生活污水处理设施 2/3 以上建成并投运；滇池流域一级保护区内农村生活污水收集处理率达到 70%，其他区域生活污水收集处理率达到 40%。

65%的全国重点镇镇区实现垃圾处理全覆盖，生活垃圾收集转运覆盖 80%的行政村，并使 60%的行政村生活垃圾得到妥善处理。

完成 1000 万贫困农户的危房改造。

二、"十二五"期间促进我国城镇化健康发展的重大举措

（一）提高城镇化质量，坚持走具有中国特色的健康城镇化道路

随着城乡居民收入水平提高、消费升级和需求的多样化，对城镇化质量和城乡宜居水平有了更高要求。改革开放三十年的巨大成就和社会财富积累，目前已初步具备了提高城镇化质量的物质基础。面对目前社会阶层的分化，需要通过城镇化质量的提升，让更多的人享受发展成果；让弱势群体得到保护，实现包容性增长。同时，提高城镇化质量，不但可以拓展新的投资领域和增长空间，提高城市的整体竞争力，而且能够促进发展方式转型，拉动生产性和生活

性消费，扩大就业，为落实社保制度、户籍制度改革提供保障，为城镇化持续健康发展注入新的动力。

1."十二五"期间，提高城镇化质量所面临的主要问题

一是保障性住房供给严重不足。工矿棚户区改造任务艰巨，2008 年年底全国还有 1148 万户家庭居住在各类棚户区中。20 世纪 50 年代至 70 年代修建的老旧住宅成套率低、配套设施不完备、居住环境差，迫切需要更新改造。

二是与群众切身利益相关的基础设施和公共服务设施亟待加强。教育、医疗、文化、公共交通等设施空间布局不合理，城市新区、城乡结合部学校、医院等设施匮乏，社区级公共服务及活动空间不足。

三是城市旧区和"城中村"改造中存在"大拆大建"。大量因拆建产生的被动性住宅需求，加剧了住房的供需矛盾，一些地方的历史街区也因此受到破坏。

2."十二五"期间，在提高城镇化质量方面采取的重要措施

一是要以"住有所居"为目标，推进保障性住房建设。要继续推进城市棚户区和矿区、林区、垦区的危旧房改造，在改善城市低收入群体居住条件的同时，增强城市市政设施和公共服务设施的能力，改善城市环境；要建立多层次的住房供应体系，进一步稳定房价，加快保障性住房建设，缓解一般性住房的需求压力；要加强政策引导，调动地方政府健全住房保障机制的积极性。

二是要以优化布局、增强配套为重点，加强市政基础设施和公共服务设施建设。要拓展供水、供电、供气、供热的覆盖面，提高保障率；要优化教育、医疗服务设施的布局，以居民合理出行半径为基础，加强基本公共服务向城市边缘地区、城乡结合部和农村地区的延伸，增强服务能力，提高服务水平。

三是要以改善住区环境为重点，推进旧城有机更新。结合城市

产业结构的升级换代，加强对废旧工矿区的改造和利用；要以整治环境、完善功能为重点，有序推进"城中村"改造；要大力增建公共服务设施，增加公共空间，完善社会管理。在城市内部建设完善的公共空间体系，构建城市外围的休闲开敞空间。

四是要加强对历史文化名城、名镇、名村的保护，注重对城市历史文脉的延承，特别是要加强对历史文化街区的保护，整治具有历史意义的河流水系等，提升城市的文化软实力。

（二）增强城镇综合承载能力，继续发挥城镇在社会经济中的核心带动作用

随着我国经济的发展和社会保障制度改革的逐步落实，"十二五"期间，我国城镇化水平还将不断提高，人口向城镇集聚的规模和速度还将进一步增加。我国参与国际经济的深度和广度的不断拓展，也对城市创新能力和辐射带动能力提出了更高的要求。因此，要促进城市经济社会的全面发展，提供更多的就业岗位，增强城镇综合承载能力。

1．"十二五"期间，增强城镇综合承载能力方面所面临的主要问题

一是城镇提供就业的能力难以适应新形势的需要。城镇既面临着实现产业结构升级、增强国际竞争力的挑战，又面临着为外来人口、城镇失业职工和高校毕业学生提供各种类型就业岗位的现实压力。

二是城镇服务与管理不能适应人口集聚的新形势。缺乏适合低收入群体消费特点和消费能力的住房、设施和服务，城镇在制度上对外来人口的接纳程度低，限制了外来人口向市民转化。

2．"十二五"期间，在增强城镇综合承载能力方面采取的重要措施

一是扩大就业规模和提升就业质量并举，全面提高城镇吸纳就

业能力。要以自主创新为重点，改造提升传统产业，大力发展现代服务业，增强对高素质劳动力的吸纳能力；要继续发展就业容量大的劳动密集型产业、传统服务业和中小企业，切实发挥城镇在扩大就业方面的主体作用；要针对非正规就业群体特点，提供灵活的管理和有效的服务。

二是要考虑低收入人群需要，完善公共服务和设施布局。保障性住房的建设，要考虑方便就业的需要，不宜远离中心城区。"城中村"的改造要有序进行，保留适当规模的低成本住宅。要大力发展公共交通，降低群众出行成本。要建立面向低收入群体合理高效的培训机制，通过技能的提高实现收入的增长，改善生活和工作状况。

三是要建设北京、天津、上海等9大全国综合交通枢纽城市。构筑服务全国、辐射区域的高效交通运输网络，推行一体化的联合运输方式，增强城镇辐射带动能力。

（三）转变城镇发展模式，切实落实可持续发展基本国策

城镇既是创造人类物质财富和精神财富的核心，也是资源能源消耗、温室效应等问题最为集中的地方[1]。城镇化既是结构调整的重要内容，也是结构调整的重要手段。转变城镇发展模式，不仅是结构调整、转变经济发展方式的重要组成部分，也是我国积极应对全球气候变化、落实国际承诺的重要内容，还是集约节约利用资源、保护生态环境、实现节能减排的重要手段。"十二五"期间必须采取切实有效的措施，积极促进城镇发展模式的转型。

1."十二五"期间，转变城镇发展模式方面面临的主要问题

一是城镇发展模式还比较粗放。城镇化快速发展，很大程度上是依赖于廉价的土地、能源、劳动力投入，以牺牲资源环境为代价。

---

[1] 据联合国统计，全球城镇人口占世界总人口的50%以上，城镇碳排放占全球碳排放总量的75%。

珠江三角洲地区 GDP 每增加一个百分点,就要消耗 5.08 万亩耕地,目前已陷入用地紧张、环境容量趋于饱和的境地。

二是城市能耗不断加大,成为能源资源消耗的主体。据统计,我国城市消耗的能源占全国的 80%,排放的 CO_2 和 COD(化学耗氧量)占全国的 90% 和 85%。与相同气候条件的西欧和北美国家相比,我国住宅单位采暖能耗高 50% ~ 100%。

三是城镇的交通、环境等问题突出,人居环境品质不高。据公安部交管局统计,截至 2008 年年底,我国机动车保有量为 1.70 亿辆,其中私人机动车占 76.14%,并以每年 10% 左右的速度持续快速增长,机动化的快速发展,带来了交通拥堵、尾气排放、城市热岛效应等诸多问题。珠江、海河、淮河等几大水系的污染十分严重,海河、淮河、辽河水系的劣 V 类水体分别达到 54%、32% 和 40%。大中城市及区域性大气污染日益严重,2008 年广东省平均出现灰霾日数 64 天,珠三角大部地区灰霾日数在 100 天以上,汕头灰霾天气已从 2003 年的 108 天增加到 2008 年的 156 天。

2."十二五"期间,在转变城镇发展模式方面采取的重要措施

一是要加强城乡不同类别的空间管制。在区域层面确定禁止建设区、限制建设区、适宜建设区,切实加强对重要水源涵养地、自然生态资源保护区、历史文化保护区、基本农田等的保护,严格控制禁建区、限建区的开发建设活动的管理;在城市层面划定水体、绿地、历史文化保护地区、基础设施建设和保护的控制线,保护好城市的水系、绿化空间和历史文脉。要划定城镇增长边界,提高城镇建设用地使用效率,促进城镇紧凑布局,集约发展。

二是要大力推进低碳生态城市建设。要结合当地自然气候条件,坚持因地制宜,研究采取不同的建设模式,把"生态"的理念贯彻于各项建设中,避免一哄而上,盲目炒作概念;制定低碳生态城市建设的发展战略和指标体系,推动低碳生态技术的集成应用,将低

碳产业、低碳城市和低碳生活方式有机结合；逐步提高绿色建筑比重，推广绿色建筑的标准规范，建立建筑能耗测评与绿色建筑标识制度；在我国城镇化与交通机动化重合的历史阶段，要加大绿色交通的普及力度，发展绿色交通，优先发展公共交通，优化步行和自行车道路系统；加快对既有老旧建筑的节能改造，推广计量化供热供气；加强城市水资源循环利用和垃圾无害化处理设施建设，提高可再生能源利用率；增加森林和绿地空间，保护和建设湿地，提高碳汇能力。

三是要改革城市建设投融资体制，促进城镇集约紧凑发展。适应征地制度改革的新形势，推进税收体制改革，为城市建设提供稳定的资金来源，逐步转变城市建设投资主要依赖土地出让收入的局面，从源头上遏制城市政府"以地生财"、外延发展的行为，促进城镇建设发展方式的转变。

（四）完善国家和区域城镇体系，拓展发展空间，优化国家空间发展格局

城镇是人口和经济活动的空间载体，城镇体系的形成和发展是人口、经济、环境和社会发展在空间上的综合体现。随着我国社会主义市场经济体制的日益健全，城镇化的快速发展和城市经济的持续增长，城市在规模、等级和空间布局上的联系越来越紧密，促进了城市与区域发展的一体化、系统化和网络化。"十二五"期间，为保证我国长远的经济安全、国土安全、粮食安全、能源安全、生态安全和民族和谐，需要从国家层面对我国的城镇空间发展进行统筹规划，合理把握城镇化的规模、速度和节奏，引导人口有序转移和合理分布，有序推进新发展空间的开发建设，为构建适合我国人口资源环境条件的"多元多极网络化"的城镇空间结构奠定基础。

1."十二五"期间，在完善国家和区域城镇体系方面面临的主要问题

一是国家中心城市和重点城镇群的综合服务功能不强。京津冀、长三角、珠三角等重点城镇群制造业比重大，水平低，缺乏具有世界影响力的自主品牌；北京等国家中心城市面向国际的高端职能和高端服务水平低，对全球经济的影响力还不够；国际金融、文化传媒、广告咨询等新兴第三产业的发展实力与世界城市的差距较大，创建国际金融中心和金融控制中心还处于起步阶段。

二是区域发展不平衡的问题仍然十分突出。东中西三大区域间发展差距进一步扩大，1978年东部地区人均生产总值是西部的1.86倍、中部的1.56倍，到2008年分别扩大到2.5倍和2.3倍。中西部和东北地区经济实力弱、对外开放程度低、城镇的综合承载能力不强，外出务工人员数量大。

三是城乡发展不够协调，农村发展滞后。城乡收入差距拉大的趋势没有得到有效控制，2008年的城乡居民收入差距比1978年扩大了4倍。乡村居民点规模小，布局分散，随着人口流向城镇，部分村庄实际居住人口进一步减少，基础设施和公共服务设施配套效率低，"空心村"问题突出。

四是资源枯竭型城市、老少边穷地区城市等特殊类型城市"造血"机制尚未建立。城市在转型过程中面临巨大的就业压力，各项设施老化，建设管理滞后，城市发展动力不足。

五是重大区域交通设施布局缺乏协调。交通基础设施建设选址存在与区域和城市发展布局缺乏协调的现象，民航、高铁、公路等区域交通设施建设缺乏整体统筹，综合性交通运输通道和枢纽建设滞后，占用土地多，运行效率低。

2."十二五"期间，在完善国家和区域城镇体系方面需要采取的措施

一是培育中西部地区新的增长点，特别是推动西部民族地区、

边疆、革命老区、落后地区的发展，是"十二五"期间优化国家区域空间格局的重要任务。进一步加强中西部地区在扩大内需、增强自主创新内生动力和稳定外需、健全开放型经济体系两方面的作用。加快成渝地区、关中—天水地区、天山北麓、北部湾等综合承载力强、内部市场大、产业基础好，资源丰富、人才密集、交通便捷和具有跨国合作意义地区的发展。推动灾后重建地区、区域中心城市、大型能源基地、边贸口岸、交通枢纽，具有创新能力的大型国有企业聚集区和产业集群化程度高的地区的开发建设。

二是要增强中心城市和重点城镇群的综合服务能力和国际竞争力，培育新的增长空间，促进区域协调发展。北京、天津、上海、广州、重庆等国家中心城市要率先调整产业结构，培育创新能力，由制造业的生产中心向制造业管理控制中心转变，积极改善人居环境，提高城市品质，加强国际战略性资源的聚集能力，率先建立起具有世界影响力的高端服务业体系。京津冀、长江三角洲和珠江三角洲等东部地区的重点城镇群，要加强区域轨道交通、信息网络、区域绿道建设，促进中小城市的发展和中心城市人口、功能的有机疏散，带动沿海地区整体提升，并提高对中西部地区的辐射能力。

三是加强对特殊类型城镇的支持。对资源枯竭型城市，要加强矿区的生态恢复和环境建设，加大政策支持，提升城市服务功能，积极发展接续产业；对新兴矿业城市要加强矿区和城镇的协调发展，避免过于分散的空间布局；对边疆地区、少数民族地区、具有丰厚历史文化遗存地区等特殊类型的城镇，要加大中央政府扶持力度，注重物质文化保护和人文环境的延续。

四是要加强综合交通运输通道和枢纽城市的建设。"十二五"是各类交通基础设施项目投资建设的重点时期，要建立健全各类交通基础设施布局、选址与建设的协商论证机制，加强部门沟通，加强布局衔接；综合全国公路网、高速公路网、铁路网、客运专线网与中心城市布局,建立"城际高效、城乡便捷、无缝换乘"的综合性运输体系;加强对区域综合交通运输通道的规划控制,改善交通枢纽城市的综合服务功能,提高交通建设对区域和城市发展的支撑能力。

(五)激发中小城市和小城镇的活力,夯实城镇化发展基础

中小城市和小城镇是我国城镇体系的重要组成部分,在中国特色城镇化进程中发挥着独特作用。2008年年底,全国有1580个县城,19234个建制镇(不包括县城),264个小城市,151个中等城市,240个大城市。中小城市和小城镇集聚了我国62%的城镇人口。中央决定放宽中小城市和城镇居民户籍限制,将会促进农村富余劳动力向中小城市和小城镇集聚,为中小城市和小城镇发展增添新的活力。增强中小城市和小城镇发展活力和吸纳能力,提高规划建设管理水平,促进农村劳动力就近就地转移,不仅有利于缓解东部沿海大中城市的就业和环境容量压力,优化全国人口分布格局,还有利于完善国家城镇体系,夯实我国城镇化发展的基础。

1."十二五"期间,中小城市和小城镇发展面临的主要问题

一是中小城市和小城镇实力偏弱,产业和人口集聚能力不强。中小城市和小城镇所能提供的就业岗位不足,对人口的聚集能力远低于大城市[1]。特别是中西部经济欠发达地区的小城镇,既缺乏自身发展的内生动力,又缺乏对外来投资的吸引力。

二是中小城市和小城镇的承载力低,难以适应人口进一步集聚的需要。"十二五"时期,随着户籍及福利制度改革逐步推进,将有更多中低收入人口进入中小城市和小城镇,城镇市政基础设施、公共服务设施水平和城市政府公共财政保障能力[2],都将面临严峻挑战。

---

[1] 根据麦肯锡公司的相关研究,我国50万规模以下的中小城市和小城镇对人口的集聚能力远远小于大城市。

[2] 据有关研究,每吸纳一个农民,城市政府需要支出6~8万元。

三是小城镇规划建设管理水平不高，亟待规范和加强。县域经济比较发达的小城镇在产业转移过程中获得了新的发展机会，经济加快发展，人口快速聚集，但由于管理没有跟上，开始出现"村村点火、户户冒烟"的粗放无序建设苗头[1]。

四是小城镇发展缺乏健全的制度保障。小城镇在现行财政分配制度和建设用地指标分解等相关政策影响下，逐步被边缘化，财权与事权不对等；传统的与行政层级挂钩的资源配置标准和管理模式，已不适应东部沿海经济发达地区"特大型镇"的发展需要。

2."十二五"期间，在激发中小城市和小城镇的活力方面需要采取的措施

一是要加强城镇体系规划，合理确定中小城市和小城镇的发展功能和发展目标。中小城市和小城镇因所在区域的城镇化发展阶段、发展水平的不同，与区域中心城市的关系不同，在发展功能和发展模式上存在很大差异。在"十二五"时期，要把中小城市和小城镇的发展与区域中心城市功能提升、人口合理集聚和农业现代化结合起来，针对不同区域的发展特点因地制宜地制定城镇体系发展策略，区域基础设施的布局和建设也要充分考虑中小城市和小城镇的发展需要。

二是要充实中小城市和小城镇的发展动力。对"特大型镇"[2]的现象，要根据需要下放部分管理权限，调动镇政府管理的积极性和主动性；要按照城市标准提出规划建设和管理的要求，在现有管理框架内利用经济强镇的财力，充实管理力量；要根据实际需要，适时调整行政区划。对经济欠发达的传统农区小城镇，要将规划建设的重点放在中心镇上，改善交通条件和软硬件建设水平，通过农业产业化和基础设施现代化，逐步增强中心镇的吸引力和发展动力；要制定中心镇基本公共服务的标准，明确各级政府责任，拓宽投资

---

[1] 调研中发现个别小城镇的镇区规模只有不到 1km²，而工业区的面积竟达到 3km² 以上。
[2] 广东省东莞市大朗镇，2008 年户籍人口 6.8 万人，流动人口 40 多万人，是户籍人口的 7 倍，全镇工业总产值 250 亿元，财政收入 15 亿元，经济实力达到甚至超过部分地级市的水平。

渠道，完善各项设施，提高承载能力；要顺应发展趋势，促进产业集聚，而弱化部分镇的产业职能，主要发挥其为周边地区提供行政管理和服务的作用；对驻边镇、少数民族地区镇、国家级历史文化名镇等，要加大中央政府的扶持力度。对中西部地区的县城和发展条件较好的小城镇，要以规划为先导，加快工业集中区建设，为县域经济发展创造条件；要充实管理队伍，规范管理程序，加强人员培训和技术指导，引导有发展活力的小城镇有序发展；要积极推进户籍制度改革以及与户籍挂钩的各种社会保障、社会福利制度的改革，促进人口合理有序转移。

三是要积极开展县域规划，引导小城镇有序发展。要通过制定和实施县域规划，提高资源配置效率，明确发展重点，支持县城和重点镇优先发展，提高重点小城镇的承载力和吸引力；要切实提高小城镇的规划设计水平，充实县以下的管理队伍和技术力量，规范和加强规划建设管理。

（六）突出重点，优化布局，创新新农村建设思路，构建新型城乡关系

城镇化和新农村建设是优化城镇化动力机制、统筹城乡发展、促进健康城镇化相关政策体系的两个重要方面，必须联动思考，整体推进。建设社会主义新农村是中国特色城镇化的必然要求，提高乡村现代化水平，构建功能互补、景观各具特色的新型城乡关系，构建新型城乡关系，是实现健康城镇化的重要保证。

1.　"十二五"期间，在完善乡村发展和新农村建设方面面临的主要问题

一是新农村建设缺乏整合。四川省达县 2007 年支农资金有 1.008 亿元，来自 27 个不同的渠道。由于建设资金和项目来源渠道不同，缺乏整合，影响了投资效益的提高，不利于集中力量解决新农村建设中一些最为迫切的问题。

二是新农村建设与城镇化脱节。我国乡村居民点量大面广，村的规模普遍较小，如江西自然村中规模在 200 人以下的占 55.6%。由于农民大多外出务工，村庄的实际居住人口更少。村里的学校不得不两三个年级集中在一个教室，而村办卫生所也平均几天才有一个病人，影响了基本公共服务的配置效率和服务水平。

三是受制于城乡二元的管理体制，"城中村"成为城乡规划管理的盲点。"城中村"里的农民房越盖越高，密度越来越大，增加了未来改造的难度；由于基础设施不足，大多数建筑不符合城市建设标准和技术规范，存在严重的安全隐患。城乡结合部地区土地利用粗放，建设无序，治安问题突出，成为小产权房等违法占地、违法建设最突出的地区。目前，这种现象有从大城市向中等城市，从东部向中西部地区蔓延的趋势，必须提早谋划，整体解决。同时，由于乡村建设用地的"退出"机制仍未建立，按照农村户籍人口分配的农村宅基地面积只增不退，造成"空心房"、"空心村"面积不断扩大。

四是将新农村建设简单理解为建设新村。以城市标准建设农村，搞劳民伤财的形象工程，修大广场、建"农民式别墅"和"精品小区"，既脱离实际需要，又会造成对乡村特色和文化的破坏。

2. "十二五"期间在新农村建设方面需要采取的措施

一是要把新农村建设和乡村居民点的优化结合起来，更有效地发挥新农村建设资金和项目的引导作用，集中资源，重点开发，引导农民适度集中，推进基本公共服务均等化，使更多的农民享受到新农村建设的成果，切实改善农民的生产、生活条件。

二是建立面向城乡统筹的土地管理制度，加强部门协助，加强规划管理。要逐步建立城乡统一、连续的用地分类和统计制度，实现部门之间用地分类口径的一致、衔接，做到人地对应；要完善城乡全覆盖的规划建设管理体制，划定城乡一体的空间开发管制分区，加强"空心村"的整理，提高乡村的集约化水平，要严格执行"一户一宅"，严禁"以租代征"、"以罚代管"；要推动农村建设用地合理有序流转，制定土地腾退的鼓励政策；规范城乡结合部、城中村的开发建设，加强规划和管理。

三是加强乡村特色的塑造，新农村建设绝不是把乡村"改造"为城市，要坚持"一村一案"，尊重农民意愿，尊重农民的生活习惯和农业生产的要求，形成有别于城镇的人居环境和文化，提高乡村吸引力和活力。

（七）创新城镇化管理体制

1. 建立城乡统筹的空间管理机制，增强城乡规划的综合调控作用

城乡规划是合理利用和保护空间资源，统筹安排城乡空间布局和各项建设，改善人居环境，促进城乡经济社会全面协调可持续发展的重要依据，也是引导城镇化持续、稳定、健康发展的重要手段。

"十二五"期间迫切需要加强城乡空间的统筹规划和管制。一是要在市、镇总体规划中避免就城市论城市，对市域、县域进行整体的规划安排，将城市交通基础设施和公共服务网络拓展到乡村地区，在市域、县域总体规划试点基础上，推动规划全覆盖；同时要加强对农村地区资源生态环境特点和生产方式、生活方式的研究，避免在新农村建设规划中简单套用城市的标准和建设模式，要以县域规划、农村建设规划为平台，对农村建设项目和建设投资进行整合。二是强化城乡空间管制。要在承认城乡差异化发展的基础上，研究制定城乡相互衔接的用地分类标准、规划建设技术标准等，建立城乡统一的地理信息平台，提出城乡统筹的空间管制要求和资源环境保护要求。

2. 健全适应人口流动特点的管理制度

改革开放以来，随着人口流动的加快和流动人口数量的迅速增加，城镇外来人口已成为城镇化最主要的推动力量。金融危机以后曾出现过大量农民工返乡的情况，但返乡农民并没有回到农村和农业生产，在经历短暂的返乡滞留后，大部分仍然回到城市务工谋生。现有城乡二元的管理体制机制，不利于外来人口在城镇定居；社会保障、医疗、教育、培训等公共管理不衔接，制约全国统一、公平的劳动力市场构建，不利于人口以家庭为单位进行流动。

"十二五"期间，要加快建立个人信息系统，为建立统一的劳动力市场和跨省福利保障转移创造条件；要根据政府财力和社会承受能力，统筹安排、分步推进跨省的福利转移；中央政府要加大对教育与社会保障的财政转移支付力度，有效平衡人口流入地和流出地的利益，充分调动地方的积极性来实现外来人口的市民化待遇；要适应外来人口收入和支付能力偏低的特点，提供适应其消费能力和特点的服务；要创造良好的城市就业环境，打通低收入阶层的上升通道，鼓励有稳定收入的外来人口由一人暂住向家庭迁移转变，由务工就业转变为安居乐业。"十二五"期间，相关部门要继续深化合作，在政策和行动上互相衔接，积极配合，在充分发挥市场机制对城镇化发展的基础作用的同时，强化宏观调控和政策引导。要逐步健全统计制度，加强对城镇化发展过程的动态监测，为城镇化趋势分析和政策制定提供科学的信息支撑。

3. 深化行政管理体制改革和税费改革

1994 年分税体制改革后，在全国财政收入强劲增长、地方财政总收入也不断提高的情况下，中央和地方层级高端（省、市）在全部财力中所占比重上升，而县乡财政困难却凸显出来，其财政资源难以满足当地的公共支出需要，欠发达地区的情况尤其严重；在现阶段行政主导资金、用地指标、公共服务设施水平等资源配置的情况下，各地发展资源普遍出现向行政等级高的城市集中的倾向，基层城镇的发展和功能提升受到很大的制约。

"十二五"期间，要积极推进省管县的财政体制管理方式改革试点，简化管理层次，在保留中央、省、市（地）、县、镇（乡）的五级政府架构的基础上首先减少财政层次，逐步虚化地市级和乡级财政，形成中央、省、市县的三级财政架构，进而引致政府层级的减少和扁平化；帮助财力薄弱地区建立县乡最低财力保障制度，确保基层政府运转资金的基本需要，切实提高民生事项、公共安全等的支出水平，完善财政转移支付制度，推进基本公共服务均等化；启动设市机制，改革设市基础条件。依建制设市改革为按经济实力和非农经济活动的状况划块设市；研究县辖市的设置条件和县级行政管理模式；研究有城镇功能的行政实体（高新经济技术开发区、国家级经济开发区、国家级旅游度假区等）新一轮的促进发展政策；将城市建设维护税改革为城乡建设维护税，按照"独立税种，扩大税源，稳定税基，提高税率，专征专管专用"的思路，推动建立国家专项税收支持城乡基础设施建设维护管理的长效机制，建立城乡公益性基础设施公用服务设施稳定的投资渠道，健全多元化的城镇投融资机制，从源头上遏制"以地生财"行为，实现城镇化发展资金投入产出的良性循环。